JN132386

山戸 昭三
shoso yamato

図解でわかる
実践的PMの基礎

プロジェクト

project

マネジメント

management

の教科書

大学教育出版

ま　え　が　き

　プロジェクトマネジメントは，プロジェクトを効果的に計画，実行，監視し，成功を収めるための重要な知識とスキルです．したがって，プロジェクトマネジメントを学ぶことは，将来に役立つだけでなく，現代社会を生き抜く重要なスキルを身につけることにもつながります．

　特に，ビジネス，情報技術，エンジニアリング，建設，医療，教育など，あらゆる分野の学生にとって，プロジェクトマネジメントの知識やスキルを学ぶことが非常に役立つでしょう．また，学生は大学や大学院で，はじめてプロジェクトを行うことが多く，プロジェクトマネジメントのスキルを身につけることで，個人のキャリア形成においても，成功するプロジェクトを実践できるようになるでしょう．

　本書は，実践の場でプロジェクトマネジメントを活用したい学生を対象としています．用語の定義を明確にして，多くの図表を入れ，基本的な理論と実践的なアプローチを紹介することにより，プロジェクトの計画，実行，監視と制御，終結に至るまで，知識エリアごとに，プロジェクトライフサイクルの各段階をくわしく解説しています．事例を多用し，わかりやすい言葉で書いていますので，プロジェクトマネジメントをはじめて学ぶ学生にも理解しやすい内容にしています．

　また，実際のプロジェクトにおいて必要とされるリーダーシップ，コミュニケーション，チームビルディング，プレゼンテーション技術についても，実践経験に基づいて書いています．これらにより，プロジェクトマネジメントを行う学生が，プロジェクトマネジメントの専門家としてのキャリアを追求するために必要なスキルと知識を身につけられるように工夫して構成しています．

　なお，タイトル名をあえて「プロジェクトマネジメントの教科書」としたのは，プロジェクトマネジメントに携わる人に，現実のプロジェクトの中で，座右

ii

の銘として永続的に使ってほしいからです.

　末筆となりますが，初学者や学生向けのプロジェクトマネジメントに関する
わかりやすい書籍をつくりたいとの想いを共有しながら，私に向き合っていただ
いた大学教育出版編集部の継続的なご支援に厚く感謝申し上げます.

　また，本書の執筆にあたり，妻の裕子や子供たちは，私が集中して仕事に取
り組むことができるよう，いつもサポートしてくれました. 本書を発行できたの
は，家族の支えがあったからと感謝しています.

　そして本書が，プロジェクトマネジメントに携わるすべての方々にとって，
有用な一冊となりますように.

　令和 5 年 3 月

山戸 昭三

プロジェクトマネジメントの教科書

目　次

第1章

プロジェクトと
プロジェクトマネジメント

1.1　プロジェクトとは

　プロジェクトとは，独自のプロダクト，サービス，所産を創造するために実施される有期的な業務のことです．この説明で，「なるほど」とわかれば，あなたは，相当プロジェクトを理解しています．

　少し解説しましょう．「独自のプロダクト，サービス，所産を創造する」とは，どのようなことでしょう．

　独自とは，プロジェクトには，それぞれに目的と進め方，構成メンバーが異なるということです．

　プロダクトとは，製品，システム，建築物といった目に見える作成物のことです．

　サービスとは，授業，映画，散髪，旅行などのように，体験することによって，満足感を得られるものです．

　所産（Result）とは，プロジェクトマネジメントの工程の中で活動を行って生成したものです．所産には，工程の中でつくり出された成果物と文書があります．具体的には，工程の中でトレーニングを受けた要員，作成された企画書や計画書，議事録，仕様書，報告書などのことです．

　「有期的な業務」とは，始めがあって終わりがある仕事の流れということです．現実的には，なんとなく始まるプロジェクトもあります．

　しかし，ビジネスとして実施するプロジェクトの場合，ヒト・モノ・カネを投資するので，責任があいまいにならないように，きちんといつから始めるのかを宣言してから始めるべきです．

プロジェクトには，4つの特徴があります．

一つ目の特徴は，**有期性**です．始めがあって終わりがあります．本来は，計画した時期に成功裏に終わるのが望ましいのですが，必ずしもそうはいかない場合があります．いつまでたっても要求されたものができない泥沼プロジェクトもあります．このようなプロジェクトは強制的に失敗プロジェクトとして終わらせる場合があります．また，当初の目的を達成する必要がなくなることもあります．このような場合は，プロジェクトを中断させて終わらせることもあります．

プロジェクトには，さまざまな始めがあってそれぞれの終わり方がありますが，これをプロジェクト・ライフサイクルといいます．

二つ目の特徴は，**独自性**です．独自性とは，プロジェクトが創出する成果物やサービスは，ある部分で他のプロジェクトと類似性があったとしても基本的な点で唯一無二であるということです．進め方や適用する方法で似たようなところはあるが，そのプロジェクトの状況に合わせて，もっとも適合する進め方，方法を考えなければならないということです．これをテーラリングといいます．

三つ目の特徴は，**不確実性**です．全て計画通りに進行すればよいのですが，そうはいきません．予測できない出来事が起きるのです．この不確実性を克服するためにリスク・マネジメントという技法を使って対応していきます．

四つ目の特徴が，**段階的詳細化**です．これは，徐々にわかってくるということです．お客様の要望も詳しく聞いていると背景がわかってくるとか，自分のプロジェクト・メンバーの実力も徐々にわかってくるということです．計画通りいかないのは，当たり前です．少しやってみて軌道修正が必要となります．

1.2 プロジェクトマネジメント、プロジェクトへの要求事項とは

では，**プロジェクトマネジメント**とは，何でしょう．プロジェクトマネジメントとは，プロジェクトへの要求事項を満たすために，知識，スキル，ツールと技法をプロジェクト活動へ適用すること，いいかえれば，プロジェクトの使命，目標を，ステークホルダーの要求や期待の最適バランスを取りながら，知識，技術，ツールと技法を駆使して達成することです．

　プロジェクトへの要求事項とは，顧客要求，市場の需要，法的要件，組織の
ニーズ，技術的進歩，生態系への影響，社会的ニーズによる，プロジェクトへの
さまざまな要求のことです．その要求の実現のためにプロジェクトが発足します
ので，常に，この要求事項を意識しておくことが必要です．

　ステークホルダーとは，利害関係者と訳されます．ステークホルダーの定義
通りにいえば，「プロジェクト，プログラム，またはポートフォリオの意思決
定，活動，もしくは成果に影響したり，影響されたり，あるいは自ら影響され
ると感じる個人，グループ，または組織」ということになります．要するに，プ
ロジェクトから影響を受ける，またはプロジェクトに影響を与える個人や組織で
す．影響の大小がありますが，顧客や上司などは，ステークホルダーの代表格で
す．

　顧客要求とは，例えば，もっと安全に運転できるように，運転状態をモニタ
リングして，さまざまな警告を早めに発生させ，自動的に回避運転をしてほしい
といったものです．この場合，このお客様の要求事項を，正しく確実に把握する
ことが重要です．お客様の要求がぶれることなく一貫していることが，プロジェ
クト成功のポイントです．

　市場の需要とは，例えば，再生可能エネルギーの中で，海岸線の長い日本で
は洋上風力発電を増やしてほしいといったものです．

　市場の需要を，いつの時点のどのような需要なのか，その需要はいつ頃まで
持続するのかをどのように把握するかが，プロジェクト成功の要因です．

　法的要件とは，法制度は絶えず変更されていますが，それに適合するように
システムを変更してほしいという依頼要件です．例えば，消費税率や医療制度の
変更に基づき，どのようにシステムを変更させるかがポイントで，想定される変
更を，どの程度システムのアーキテクチャーでカバーしているかが，変更規模に
影響を与えます．

　組織のニーズとは，例えば，自社のあるべき姿を提示し，それに至る変革の
シナリオを描き，その実現のためのITシステムを構築するという場合に，この
システムに求められる要求事項です．自組織の何年先までの業務改革をどのよう
に実施していくか，その時点の技術水準をどのようにとらえるか，競合との優位
性をどのように確保するのか，といった点を認識しておくことが必要です．

　技術的進歩には，AI，IoT，自動運転，通信方式など，数年先の技術的進歩を
どのように経営に活かしていくかについての見識が必要となります．

　生態系への影響では，淡水生態系への影響，大規模な洪水の頻度増加による
河底環境の変化や渇水による水温上昇の影響などから求められる規制，監視シス
テムの構築を要求しなければならない場合があります．

　社会的ニーズとは，リモートワークニーズの増加，経済安全保障の意識の高
まり，再生可能エネルギーの拡充などに基づくニーズであり，社会や時代の本質
的なニーズをつかんでいくことが求められます．

　「知識，スキル，ツールと技法」には，さまざまな考え方，使い方があります．
すべてを知って，使わなければならないものと思わず，使えるものを使ってみ
る，テーラリングしてみる，自分なりにプロジェクト活動へ適用してみるなどの
使い方がよいでしょう．

▌1.3　プロジェクトと価値実現システム

　価値とは，あるものの値打ち，重要性，または有用性のことです．同じ概念
が人や組織によって異なる価値を持つという点において，価値は主観的です．プ
ロジェクトは，ステークホルダーからの要求事項を実現するための仕組み，す
なわち**価値実現システム**の一つです．価値を実現するための構成要素としては，
ポートフォリオ，プログラム，プロジェクトが考えられます（**図1-1**）．

　ポートフォリオとは，価値実現のために，必要な投資分野の重みを設定する
ことです．

　ある組織が，AとBという2つの事業を手掛けており，Aはとても資本効率
がよいが，BはAほどではないとします．この組織は価値実現の効率を高める
に，B事業の重みを下げ，B事業に割いていた資本をAに投下する方法が考え
られます．また，もっと資本効率が良さそうなC事業の重みを増やすという選
択肢もあるでしょう．このように価値提案のために事業の重みを加減することを
ポートフォリオといいます．価値実現の能力が事業の成長度合いに比例するとす
れば，成長著しい事業分野をたくさん持っている組織が価値実現の能力が高いと
いえます．

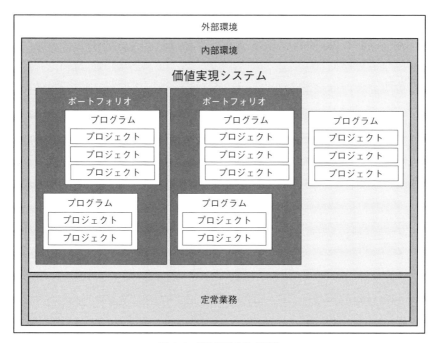

図1-1　価値実現の構成要素

　プログラムとは，同時並行的に進められている相互に関連するプロジェクト
の集まりです．例えば，火事が発生すると，通報を受けた消防本部から，消火の
ために消防車数台，救助のために救急車数台，火災状況を監視するために消防ヘ
リコプターが現場に急行しますが，それぞれは，目的を持った消防プロジェクト
群，救急プロジェクト群，監視プロジェクトということができます．これらのプ
ロジェクトは，消防本部の指令所と連携をとりながら，無駄なく，効果的に，迅
速に鎮火と救急救命を実施しなければなりません．プログラムとは，それぞれ
のプロジェクトを統制しながら目的を達成しようとするものです．ポートフォリ
オ，プログラム，プロジェクトは，いつも必要というわけではなく，必要に応じ
て価値実現に貢献していくものです．

1.4　プロジェクトマネジメントのプロセス（活動・手順）

　プロジェクトには，始めがあって終わりがあります．したがって，プロジェクトマネジメントの時系列的な流れとプロジェクトマネジメントの局面に応じて，実施すべき**プロセス**（活動・手順）があります．

図 1-2　プロセスの構造

　入力となる情報（Inputs）を収集して，ツールと技法（Tools & Techniques）を活用して成果物（Outputs）を作り出す手順をプロセスと呼びます（**図 1-2**）．
　この図のことを「IPO」といったり，「ITTO」といったりすることがあります．この入力となる情報，ツールと技法，成果物の具体的な要素について，あまり厳密に考える必要はありません．その理由は，「専門家の判断，データ収集，会議」などのように，当たり前のようなものが提示されているからです．また，MECE（モレなく，ダブりなく，必ず必要でかつこれで十分か）の観点から説明しにくいものもいくつかあります．参考程度にみる程度でよいでしょう．
　プロセスは，プロジェクトの初期段階，実行・監視段階，終結段階で行うべきものがあり，またプロジェクトマネジメントのそれぞれの局面に応じて行うべきものがあります．それぞれについて，後の章で説明します．
　プロジェクトマネジメントの局面とは，**知識エリア**と呼ばれ，図のように，プロジェクト統合マネジメント，プロジェクト・スコープ・マネジメント，プロジェクト・スケジュール・マネジメント，プロジェクト・コスト・マネジメント，プロジェクト品質マネジメント，プロジェクト資源マネジメント，プロジェクト・コミュニケーション・マネジメント，プロジェクト・リスク・マネジメント，プロジェクト・ステークホルダー・マネジメント，プロジェクト調達マネジ

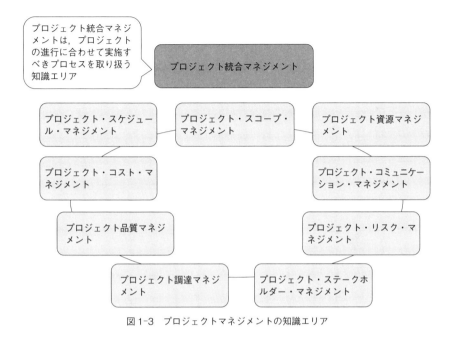

図1-3　プロジェクトマネジメントの知識エリア

メントがあります（**図 1-3**）.

1.5　プロジェクト・マネージャ

　プロジェクトに関係する人物やチームを説明します.

　プロジェクト・マネージャは，母体組織によって任命された人で，チームを率いてプロジェクト目標を達成する責任を負う人，といわれています.

　日本の情報処理技術者試験では，プロジェクトマネージャ試験がありますが，その対象者像については，高度 IT 人材として確立した専門分野をもち，システム開発プロジェクトの責任者として，プロジェクト計画を立案し，必要となる要員や資源を確保し，計画した予算（C），納期（D），品質（Q）の達成について責任をもってプロジェクトを管理・運営する者と定義されています.

　ちなみに，実質的に世界標準として位置づけられている PMBOK（A Guide To The Project Management Body Of Knowledge）の日本語訳では，プ

ロジェクト・マネジャーと訳されています.

　本書は,「プロジェクトマネジメント」を行う人が心がけるべき姿勢や,プロジェクトマネジメントの手順を記述したものです. したがって,プロジェクト・マネージャは,本書に記載されている内容について取り組んでいただくことを期待しています.

‖ 1.6　プロジェクトマネジメントの原理・原則の必要性

　プロジェクトマネジメントとは,時系列的な流れとプロジェクトマネジメントの局面に応じて,実施すべきプロセス(活動・手順)であると説明しました. プロジェクトマネジメントを行う場合には,プロセス(活動・手順)が重要ですが,そのプロセス(活動・手順)をどのような考え方で実施するかということが必要です. 単に,手順をこなすとか,作業を行うという視点だけでは不十分です.

　何か活動を行おうとした場合,「手順」があれば活動できるかといえば,それだけでは難しいということがわかります. 例えば,家庭経営の場合,「料理をつくるという手順」が示されていたとしても,「どのような方針で料理をつくるのか」ということが提示されていることが必要になります.「お年寄りが多いので自然食を使った健康食をつくる」「育ち盛りの子供たちが多いので栄養満点の肉料理を提供する」といった「方針」が必要です. 何のためにという部分が「方針(ポリシー)」や「原理・原則(プリンシプル)」です.

　プロジェクトの場合,この部分は「原理・原則」になります. 企業経営の場合には,経営理念や経営方針の部分になります.

　次に,「方針」と「手順」を結ぶ部分として,「基準」が必要です. 家庭経営の場合,「程度を表す栄養価,料理時間,料理にかけるコスト」のようなものです. プロジェクトの場合,基準としては,「品質基準,リスク許容基準,出来高測定基準,プロジェクト予算」などが基準になります. 企業経営の場合には,「あるべき姿の達成目標,部門予算,ビジネスに関する審査基準」などがこれに該当します(図1-4).

　プロジェクトマネジメントを単に,手順をこなすとか,作業を行うという視

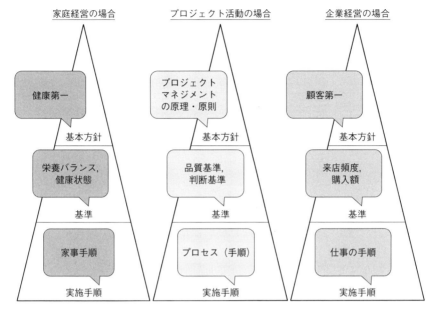

図 1-4　基本方針・基準・実施手順の例

点だけでは不十分で，もっと上位の概念でプロジェクトマネジメントをとらえるべきです．そのためには，どのような姿勢，考え方でプロジェクトマネジメントに取り組むべきか，プロジェクトマネジメントの原理・原則が必要とされています．

1.7　プロジェクトマネジメントの12の原理・原則

次に，プロジェクトマネジメントの12の**原理・原則**を説明します．

（1）　勤勉で，敬意を払い，面倒見の良いスチュワードであること

スチュワードとは，一般的には古来の欧州の封建制度における執事の意味ですが，プロジェクトマネジメントを行う人は，勤勉で，関係者に敬意を払い，面倒見の良い頼りになる人物であるべきだ，ということです．プロジェクト・マネージャは，責任を持って資源（ヒト・モノ・カネ・情報）を，計画し，使用

し，マネジメントできる人財であるべきであり，信頼を理解し受け入れることに加え，その信頼を生み出し維持する行動と意思決定を示す，透明性と信頼を備えたリーダーシップが求められる，といった原則です．

（2）　協働的なプロジェクト・チーム環境を構築すること

協働的とは，同じ目的のために，対等の立場で協力して共に働くこと，という意味です．

チームとグループの違いを，述べておきます．

まずグループですが，「人またはある集団の集まり」のことです．明確なゴールがなくても，同じ役職だから，入社時の同期だから，といった理由でも人の集まりはできます．しかし，それだけではチームとは呼べません．

チームとは，「ある目的のために協力して行動する集団や組のこと」です．チームに必要な要件としては，次のようなものがあります．

- ● ゴールが困難でも，目的を皆が理解していて，そこへ向かう過程を楽しんでいる．
- ● ゴールを達成することで得られる報酬以上に，チームで活動すること自体から得られる "刺激" や "やりがい" "達成感" を求めている．
- ● 「失敗しないこと」ではなく，「達成すべきゴール」に焦点を当てている．
- ● 仲間の間での意見の衝突を恐れない．意見をぶつけ合うことから新しい価値が生まれることを知っている．
- ● それぞれが責任を果たすことに誇りを持っている．
- ● お互いのよいところを認め合い，敬意を持って接している．
- ● 誰も集団のために自己犠牲をする必要がない．

チームで協働的な活動を行うためには，そのチームでの約束事，合意が必要です．「チームの合意」とは，心を一つにして活動するための指針のようなものです．プロジェクトの開始時に形成し，プロジェクト・チームが協働し，共同作業を継続的に成功させるために必要な規範や行動を特定しながら，時間をかけて発展させることが必要です．

協働的なプロジェクト・チーム環境は，情報や個人の知識の自由な交換を促します．このことにより，成果を達成しながら学びの共有や個人の育成を増進

するのです．協働的なプロジェクト・チーム環境を構築することにより，組織にとって望ましい成果を達成するために，全員が最善を尽くすことが可能になるのです．

（3）　ステークホルダーと効果的に関わること

　ステークホルダーを特定し，分析し，プロジェクトの最初から最後まで積極的に関与してもらうようにすると，成功につながりやすくなります．特定するとは，「多くの中からあるものを指定する，焦点をあわせる」ということです．くだけていえば，重要なステークホルダーと上手に効果的に関わりましょう，ということです．その際に，ステークホルダーとの関わり方は，人間関係のスキルに大きく影響されます．人間関係のスキルとは，他の人との関係を構築し維持するために用いられるスキルですが，もう少しわかりやすく言えば，よい人間関係を上手に作って継続できるスキルです．スキルとは通常，教養や訓練を通して獲得した能力のことです．生まれ持った才能に技術をプラスして磨きあげたものともいいます．人間関係のスキルについては，プロジェクトマネジメントでは大変重要であり，あとで詳しく述べます．ステークホルダーがプロジェクトに，気持ちよく，積極的に参加できるかどうかは，人間関係のスキルに大きく依存します．そのために，自ら進んでイニシアティブをとることが大切です．人に接する姿勢としては，誠実さ，正直さを示し，お互いの特性を認識・尊重し合い，対等な立場で接し，お互いの共通する領域の課題解決に向けて協力・協調する姿勢が必要です．さらに敬意をもって接すること，共感すること，そしてお互いの信頼感の醸成が重要です．

（4）　価値に焦点を当てること

　すべてのプロジェクトにはさまざまなステークホルダーが関わりますので，それぞれのステークホルダーのために生み出される異なる価値を考慮し，顧客の視点を優先しながら，全体的なバランスをとる必要があります．要するに，関係者それぞれの価値観に沿って対応しましょう，ということです．

（5）　システムの相互作用を認識し，評価し，対応すること

　システムとは，全体として一体化して活動するものです．その構成要素は，相互に作用し依存しています．その相互作用を意識するとともに，その有効性，効果性，効率性などを評価しながら対応することが大切です．

（6）　リーダーシップを示すこと

　リーダーシップとは，組織をけん引する能力のことです．チームを共通のゴールに向けて動機付け，チームとしての取組みを優先して個人の利害を一致させるようにメンバーに影響を与え，プロジェクトを成功させるために必要なものです．

　リーダーシップスタイルとは，リーダーシップを発揮するためのスタイルのことです．リーダーシップスタイルには，独裁型，民主主義型，自由放任型，指揮型，参加型，支援型などがあります．効果的なリーダーシップは，プロジェクトの成功を促進し，プロジェクト成果に貢献します．プロジェクト・マネージャは，状況に応じて適切なリーダーシップを発揮していくことが大切であり，正直さ，誠実さ，倫理的な行動において，望ましい行動を示すべきです．さらに，プロジェクト・マネージャのみならず，メンバーは誰でもリーダーシップを発揮することができます．

（7）　状況に基づいてテーラリングすること

　テーラリングとは，（洋服の）仕立て，仕立て直し，という意味ですが，プロジェクトの分野では，業務プロセスやシステム開発プロセスなどについて，規格や全社的な標準などを基に，それぞれ個別の部署やプロジェクトに合った具体的な標準を策定することです．

　例えば，大手のITベンダーが標準のシステム開発標準をつくっているとして，そのITベンダーには自治体市場向け，製造業市場向け，小売業市場向け，金融市場向けなど，たくさんのプロジェクトがあります．それぞれの顧客向けのシステム開発を行う場合には，全社的な標準では網羅的に規定しているために，大雑把な内容になってしまいます．そこで，もう少しターゲット市場別に追加して規格や標準をつくることをテーラリングといいます．

　洋服でいうと，標準のサイズをもとに一人一人に合わせてサイズや付属物を調整することです．

　一般的な進め方，手順を標準に決めておき，プロジェクト固有の特性と環境に合わせて，進め方，手順を変えることが必要です．

　プロジェクト固有の特性とその環境に合わせてプロジェクトのアプローチをテーラリングします．これにより，プロジェクトのパフォーマンスを向上させ，成功確率を高めることができます．

（8）　プロセスと成果物に品質を組み込むこと

　品質とは，「本来備わっている特性の集まりが，要求事項を満たす程度」のことです．ここで，特性とは，「そのものを識別するための性質」のことで，例えば，機能性（設計通りの働きがきちんと実装されている），信頼性（動作し続けられる，故障が起きにくい），使用性（使いやすい，わかりやすい）といったものです．要求事項とは，「明示されている，通常暗黙のうちに了解されている，または義務として要求されているニーズまたは期待」のことです．例えば，鉛筆に期待されていることは，「字が書けること」です．これが鉛筆に対する要求事項です．鉛筆にも特性があって，「いつもきちんと使いやすくて字が書ける」ことが求められます．

　プロセスと成果物に品質を組み込むこととは，どのようなことでしょうか．何かの成果物（一戸建て建築，IT システム，カップラーメンなどなど）が完成時に，求められる品質が実現されていることと，それを実現するための工程（プロセス）で品質を組み込むことが重要ですよ，そのために，それぞれのプロセスの中で工夫，手順，作業をきちんと行いましょう，ということです．

（9）　複雑さに対処すること

　複雑なものやシステム，複雑な人間関係，複雑なプロジェクト環境では，プロジェクトが失敗する可能性が高くなります．プロジェクト・マネージャは，複雑さの要素を特定することに気を配り続け，さまざまな方法を用いて，複雑さの程度や影響を減らすことを心掛けなければなりません．複雑さをもたらす要因としては，人の振る舞い，システムの振る舞い，不確かさと曖昧さ，技術革新があ

ります.

　複雑さとは,「予測がつきにくい」ともいえます. 確かに, 人の振る舞いは, いろいろな考え方やその時の状況, 置かれた環境などにより予測がつきにくいものです. システムは論理的に作られているものもありますが, 自然発生的にできているものもあり, 非常に多くの要素が複雑に相互に影響を与えており, 予測がつきにくく複雑です.

　不確かさとは, 不明確な状態であり, 期待されていることや状況を把握しにくい状態のことです. 曖昧さもきっちり決まっていない状態のことであり, これが複雑さの要因です. 技術革新は, イノベーションによって生まれ, 複雑さをもたらします.

（10） リスク対応を最適化すること

　リスクとは, 不確実な状態または事象のことであり, 発生した場合, プロジェクトに何らかの影響を及ぼす可能性があります. プロジェクト・マネージャは, 良い結果をもたらしてくれるプラスのリスクを最大限に高め, 悪い結果を及ぼすマイナスのリスクを極力抑えるように努めなければなりません. リスクを特定し, リスク分析を行い, 効果的で最適なリスク対応戦略を実施し, モニタリングとコントロールを継続することが必要です.

（11） 適応力と回復力を持つこと

　適応力とは, 変化する状況に対応する能力のことです. 変化適応力といったほうがよいかもしれません. 近年, 組織やプロジェクトの外部環境, 内部環境は, 自然環境, 法制度, 社会環境, 企業組織など大きく変化しています. プロジェクト・マネージャは, これらの変化に適合し最適な対応ができるよう, 適応力を磨いておかなければなりません. 回復力は, 影響を緩和する能力と挫折や失敗から迅速に回復する能力です. 逆境や困難な状況に陥ったとき, 自ら回復する力のことです. 変化の激しい現代社会, 特にビジネスシーンにおいて, ストレスと上手につきあうことのできる「レジリエンス（Resilience）」能力を身につけることは, ますます重要になってきています.

　多くのプロジェクトは, さまざまな段階で困難な問題の発生や阻害要因に直

面します．プロジェクト・マネージャやプロジェクト・チームに適応力と回復力が備わることで，プロジェクトは被る影響に順応しやすくなり，ひいては目標達成が容易になります．

（12）想定した将来の状態を達成するために変革できるようにすること

価値実現とは，「想定した将来の状態」を実現することです．この想定した将来の状態のことを「あるべき姿」と呼びます．

これを実現するためには，全体最適を意識しながら，改革に必要な要件を整理し，バランスよく具体的な施策を推進しなければなりません．このことを変革のシナリオと呼んでいます（**図1-5**）．

経営者は，外部環境の中で自社の現状を把握し，強化すべき部分や改善すべき部分を分析します．それを踏まえて，理想の目標に近づけるために，自らの思いや経営方針から制約条件やリスクとリターン等を考慮してあるべき姿を描きます．その具体的な目標としてKGI（Key Goal Indicator）を設定し，それを実現するために必要な要件（CSF: Critical Success Factor）をまとめます．

例えば，あるべき姿を「良い商品を求める人たちにタイムリーに届ける企業」

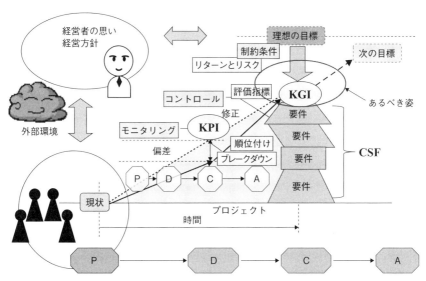

図1-5　想定した将来の状態を達成するための変革のシナリオ

と定義したとします．この場合，KGI は「5 年後に売上 100 億円で，求める人たちにその商品を 8 時間以内に届けることができる」と設定します．そのための要件は，商品開発力，マーケティング力，物流力，IT 力の充実になります．

　目標に向かって，制限時間内に確実に実現するためには，プロジェクトが必要となります．

　プロジェクトは，PDCA（計画－実行－監視－修正）を繰り返しながら，目標の実現に向けて進めます．プロジェクトの実施状況は，KPI（Key Performance Indicator）という目標の実現度合いを把握するための指標でチェックします．

　KPI の例としては，それぞれの要件を数量的に把握できる商品開発期間，その商品を必要とする対象顧客数，広報の回数，注文から顧客に届けるまでの時間などです．

　KPI を把握することをモニタリングといい，計画に基づいて軌道修正をすることをコントロールといいます．

　モニタリングとコントロールを繰り返し，あるべき姿を実現します．

　企業は，あるべき姿を実現すれば，次の新しいあるべき姿を設定して，次の PDCA を回しながら持続的に成長していきます．

Column

■プロジェクトマネジメントとは，「なんとか」うまく成し遂げること■

　プロジェクトをマネジメントするとは，どういうことなのでしょうか？
　「このような手順でやれば必ずうまくいく」というやり方が決まっているものは，「プロジェクト」とは言わず，「定常業務」と呼ばれています．
　プロジェクト・マネージャであるあなたは，過去に多くの先人たちが，成功してきたやり方を学び，さまざまな場面で試みた進め方を横目で見ながら，自分が体験している事象に対してどうふるまうべきかを，その都度考えながら「なんとかする」ことが求められます．

第２章

システム開発の進め方

プロジェクトは，価値実現システムの構成要素の一つです．価値実現の方法としてさまざまな開発アプローチがあります．

2.1　さまざまな開発アプローチ

提供することをデリバリーといいます．デリバリーのタイミングとしては，一回だけのデリバリー，複数回のデリバリー，定期的なデリバリーが考えられます．プロジェクト成果物の提供と頻度を，**デリバリー・ケイデンス**といいます．

開発アプローチは，デリバリー・ケイデンスと要求・要件に対する変更の頻度によって分類されます（**図 2-1**）．

予測型開発アプローチのことをウォーターフォール型（Water Fall Model），漸進型開発アプローチをインクリメンタル型（Incremental

図 2-1　さまざまな開発アプローチ

Model), 反復型開発アプローチをイテレーティブ型（Iterative Model), 適応型開発アプローチをアジャイル型（Agile Model）といいます. それぞれの開発アプローチには, メリット・デメリットがあります. 開発アプローチの種類によってプロジェクト・ライフサイクルも同じように分けることができます. それぞれを予測型ライフサイクル, 漸進型開発ライフサイクル, 反復型ライフサイクル, 適応型ライフサイクルと呼びます.

　プロジェクト・マネージャは, 顧客からの依頼, 開発対象の特性やプロジェクト・メンバーのスキルを把握して, 開発アプローチを決定することが求められます.

　さまざまな開発アプローチを, 料理の提供の仕方の例で説明すると次のようになります（**図 2-2**). 料理への注文の仕方・変更要求の頻度と顧客への料理の提供のタイミングで確認してください.

■予測型開発の例
　定食料理のように, 一度に配膳してお客様に提供します.
■漸進型開発の例
　回転寿司店で好きなネタを一皿ずつ取って食べてもらうような提供方法です. 一皿ごとに, それぞれが商品の提供となります.
■反復型開発の例
　コックさんが料理店の開店に向けて, その店の名物料理（例えば, オリジナルラーメン）を開発するようなケースが考えられます. 試行錯誤しながら, まず本人が納得するまで味づくりをし, 納得したらその料理店の皆さんに味見してもらって, また改善していきます. このように反復しながら開店に向けて味の開発を続けていくような方法です.
■適応型開発の例
　高級お寿司屋さんで寿司屋の板前さんとお客が, 「さび抜きで！」などと, 対話しながら一品ごとに提供する方法です.

図 2-2　開発アプローチと料理の提供方法の事例

2.2 予測型開発、ウォーターフォール型（Water Fall Model）

2.2.1 開発工程

予測型開発は，開発工程をいくつかのフェーズに分割し，前フェーズの成果物を次のフェーズへの入力とします．滝が上から下へと流れ落ちるように開発していくので，ウォーターフォール型開発と呼ばれています（**図 2-3**）．これには，開発工程（フェーズ）が存在し，その工程の中で実施すべき方法，実施すべき品質保証活動の技法が明確です．その工程で何を入力し，どのような加工をして，何を出力するかが明確です．基本は，その工程でやるべきことをきちんと行って，前の工程には戻らないことが原則です．

　開発フェーズの呼び方は，いろいろありますが，次のような開発フェーズとその中における実施すべき作業と品質保証方法があります．

　まず，顧客が開発案件に関して，要求を提示します．それを受けてプロジェ

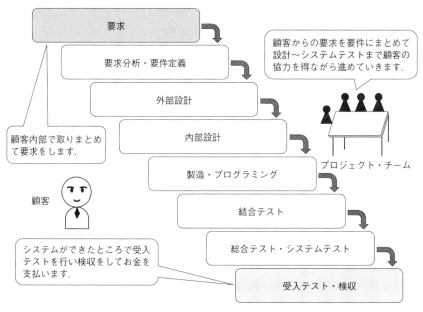

図2-3　ウォーターフォール型開発

クト・チームは，要求分析・要件定義工程で，顧客の要求を分析します．ウォーターフォール型開発では，この要求分析が非常に重要です．顧客といっても顧客企業の中には，さまざまなステークホルダーがいて，各人が新システムに対して，それぞれの要望，期待を持っています．顧客としては，その多くの要望や期待を，一つの自社の要求として提示しなければなりません．それを開発プロジェクトとして，確実に受け取り，その要求を実現できるシステム要件として定義しなければなりません．言うのは簡単ですが，これを現実に確実に行うことは，本質的に相当困難なことです．人が頭の中で抽象的に描いている要求を現実のシステムとして具体的に実現することがかなり困難なことは，少し考えればわかることです．これは，ウォーターフォール型開発の大きなデメリットです．

2.2.2　プロトタイピングモデル

　このデメリットの完全な解決にはなりませんが，プロトタイピングモデル（Prototyping Model）という開発方法があります．

　プロトタイピングモデルは，要求分析・要件定義工程で，要求と要件を詰める際にプロトタイプ（試作品）を作成し，実際にユーザーに使ってもらいながらシステム要件を確実なものにしていく開発モデルです．

　プロトタイプには，試用版としてレビュー後に捨てるタイプ（→ モックアップ）と，そのまま実際のシステムに実装するタイプ（→ プロトタイプ）の２種類があります．Powerpoint などのプレゼンテーション資料作成用アプリケーションソフトで画面イメージを顧客と確認しながら，要求と要件を詰めていく方法は，モックアップになります．

2.2.3　SLA

　顧客のシステム開発に関する要求レベルを定量的に約束するものとして SLA（Service Level Agreement）を締結しておくことが，後々の問題発生を防止することにつながります．SLA は，サービスの提供事業者（IT ベンダー）とその利用者（顧客）の間で結ばれるサービスの水準（定義，範囲，内容，達成目標等）に関して合意したもので，どの程度まで品質，性能，処理時間，保存量などを保証できるかを明示したものです．顧客としては，最大限に保証水準を上げた

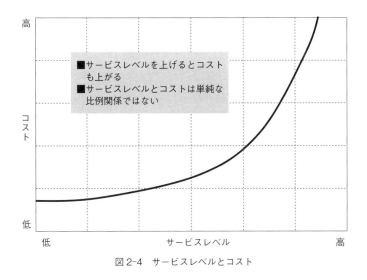

図2-4　サービスレベルとコスト

いところですが，必要以上に高いサービスレベルを求めると，急速に投資コスト
が高くなりますので．目的とする業務改革に必要な、最低限の要求水準に調整す
ることも重要です（**図2-4**）.

2.2.4　外部設計

外部設計は，基本設計や概要設計とも呼ばれます.

要件定義で決定した機能や性能，制約条件などを基にしてシステムの基本と
なる設計を行います．操作画面や操作方法，データ出力など，ユーザーから見え
るインターフェース部分の仕様を決定したり，セキュリティや運用規定，システ
ム開発のスケジュールや費用などを設計したりと，基本的にユーザーに向けた仕
様を設計するのが外部設計です.

外部設計工程では，顧客に約束した要件定義を，対象となる新システムで実
現させるために，どのような機能をもったサブシステムが存在しなければならな
いか，人間系の業務手順の中でその新システムをどのように扱うのか（→ 業務
運用設計），人間系でそのシステムをどのように運用するのか（→ システム運用
設計），現在稼働中のシステムが持っているデータをどのように新システムに移
行するのか（→ 移行設計），今後の拡張性を踏まえてどのようなシステム構成に

するのか（→ アーキテクチャー設計）などを設計します.

2.2.5 内部設計，ソフトウェア実装設計

内部設計は，詳細設計ともいいます.

内部設計工程では，外部設計としての業務運用設計，システム運用設計，移行設計，アーキテクチャー設計で定義したシステムやサブシステムを，機能性，信頼性，操作性，効率性，保守性，移植性の観点で，さらに適切なソフトウェアコンポーネント（モジュール）に分割して設計します. これをソフトウェア実装設計といいます.

ソフトウェア実装設計では，どのようなモジュールでソフトウェアを構成するか（→ ソフトウェア構造設計），それぞれのモジュールでどのような処理を行うか（→ ソフトウェア処理設計），モジュール間のインターフェースをどのように設計するか（→ インターフェース設計），データベースをどのような形で保管するか（→ データベース設計）を決めていきます.

システムエンジニアが設計するのはここまでで，この後の工程ではプログラマーが製造・プログラミング，単体テストを行っていきます. 内部設計がしっかりできていないと，プログラミングの生産性が落ちてしまいます.

2.2.6 製造・プログラミング

製造・プログラミング工程では，複数人のプログラマーがプログラミングをしてソフトウェアを製造します. そのため，保守性の観点から，まずプログラミング標準，命名規則などのルールを決め，どこにモジュールを保管し，どのようにバージョン管理，リリース管理を行うかという構成管理方針を設計し，プロジェクト・メンバーに周知徹底します.

製造とは，プログラマーがプログラミングして自分でテストデータをつくり，単体テストをして品質保証することです. このテストは，自分でプログラムロジックの中身を知っているので，ホワイトボックステストといいます（**図2-5**）.

ホワイトボックステストは，プログラムロジックをテストするので，制御パステストといいます. これは，プログラムの処理経路（開始から終了に至る命令

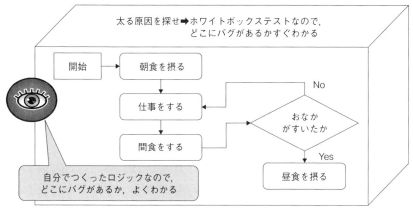

図 2-5　ホワイトボックステスト

の列）をテストする技法で，テストする処理経路の網羅の度合いに応じて，C0
網羅，C1 網羅，C2 網羅などの網羅基準があります．

2.2.7　結合テスト

　結合テストとは，複数のプログラムやモジュールを少しずつ組み合わせて行
う動作確認のテストのことです．Integration Test や Joint Test とも呼ばれ
ることがあります．プログラムやモジュール間の構造やデータの受け渡しに問題
がないかを確認する，要するにインターフェースの確認が主な目的です．

　結合テスト工程では，少しずつ動作が保証される組み合わせを拡張していく
ことになります．最上位のモジュールから徐々に配下のモジュールとのインター
フェースや動作保証を広げていくトップダウンテストと，それとは逆に最下位の
モジュールから徐々に上位のモジュールとのインターフェースや動作保証を広げ
ていくボトムアップテストがあります．

　トップダウンテストでは，動作が確認されたスタブが使用されます（図 2-
6）．スタブは，テスト対象モジュールから CALL されるダミーモジュールで，
その後，再び制御を対象モジュールに返します．渡された引数の値を表示・印刷
する機能があると便利です．後述のボトムアップテストで使用されるテストドラ
イバに比べて，構造が簡単で，準備する工数は少なくてすみます．

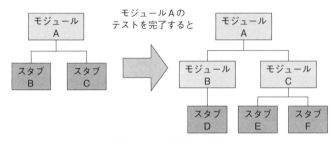

図2-6　トップダウンテスト

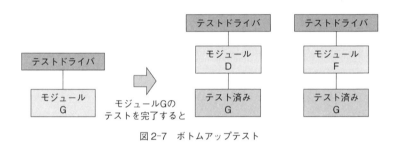

図2-7　ボトムアップテスト

　ボトムアップテストでは，動作が確認されたテストドライバが使われます．テストドライバは，必要な引数を設定して，テスト対象モジュールを CALL するテストツールです（**図2-7**）．対象モジュールが返したリターンコードや引数の値を，表示・印刷する機能を持っているのが一般的であり，それを検証することで対象モジュールのテストを行います．対象モジュールを何回も CALL する場合には，渡す引数を変化させる機能も必要となります．

　結合テスト工程では，モジュール同士が結合されればよいというレベルではなく，外部設計工程で設計した要件の検証になります．すなわち，業務運用設計どおりに動作するか，システム運用設計どおりに動作するか，移行設計を満足するか，アーキテクチャー設計を満足するか，といったテスト項目を満足することが必要です．

2.2.8 総合テスト・システムテスト

総合テスト・システムテスト工程では，要求分析・要件定義工程で定義した項目のすべてを満足するかがポイントです．動作すればよいというレベルではなく，顧客がそのシステムを使った業務遂行の中で利用できる水準でなければなりません．機能性，信頼性，操作性，効率性，保守性，移植性の観点で，現場の顧客が満足できるものでなければなりません．顧客と IT ベンダーの間で，SLA が設定されているならば，その観点での品質保証も必要です．なお，総合テスト・システムテストで用いるテストデータは，顧客側が生データまたは生データを加工したダミーデータを用意します．

総合テスト・システムテストは，次のような種類があり，さまざまな目的・観点で実施します（**表 2-1**）．

原則的に，総合テスト・システムテストまでは，顧客の協力を得ながら IT ベンダーの責任において実施し品質保証します．

2.2.9 受入テスト・検収

受入テスト・検収は，IT ベンダーが構築したシステムを，IT ベンダーの協力を得ながら顧客が主体となって，業務で使用する環境において実際の操作者が行うテストです．運用テスト，検収テスト，承認テストともいいます．このテストに合格すれば，契約に基づき開発費が支払われます．なお，このテストに合格してもこのテスト期間では発見できなかった不具合が後日発見される場合がありますので，その場合は瑕疵担保期間（通常一年間とか半年間）ならば，IT ベンダーは，無償で改修しなければなりません．瑕疵担保責任は，民法でその内容が厳密に定められており，基本的に何かトラブルがあったときは，法律に基づいて解決していきます．システム開発の分野では瑕疵担保責任を巡って裁判で争われたこともあるので，受注者，発注者の双方が瑕疵担保責任についてよく知っておくことが必要です．

2.2.10 SLM

顧客は，システムの運用を始める前に，SLM（Service Level Management）の仕組みを整えておくことが必要です．SLM とは，通信サービスや IT サービス

表 2-1　総合テスト・システムテストの種類

種類	目的・観点，実施内容
機能テスト	システム要件に基づき，本番環境と同等の状態でシステム要件を満たしていることを確認するテスト．要件通りにシステムが動作すること，追加修正した機能およびその他現行システムの機能が満たされていることを確認する．
構成テスト（機種テスト）	システムが推奨している環境設定（LAN 環境，サーバー環境，PC の OS・ブラウザ，および，携帯，スマートフォンの種類）において，画面表示や基本動作が問題なく実施できることを確認する．
リグレッションテスト（回帰テスト，退行テスト）	プログラムの追加・変更・削除などにより，システムの未変更部分に新たな欠陥（「リグレッション」「デグレード」などと呼ぶ）が入り込んだり発現したりしないことを確認するためのテスト．未変更部分に変更や問題がないことを確認する．実際には，変更のたびに全コンポーネントに対してテストを行うことは現実的でないため，影響がおよぼされる可能性のある範囲や重要度の高い範囲を優先して実施されることがある．
シナリオテスト	業務を想定したシナリオに基づいて実施するテスト．業務手順（業務フロー）に則ったテストシナリオを作成し，業務が滞りなく行えるか確認する．
性能テスト	テスト対象に対して繰り返し長時間，要求された処理を行った場合に，正しく動作することを確認するテスト．
ロングランテスト	性能要件を充足していることを確認するテスト． 〈単体性能テスト〉 単一の画面，単一のバッチ処理の性能を確認する． 〈負荷テスト〉 システムに平時の負荷を与えた場合において，正しい動作を行うことを確認する． 〈高負荷テスト〉 システムに高負荷を与えた場合（大容量データや多頻度のトランザクションを与えた場合など）に，正しい動作を行うことを確認する．また，さらなる高負荷を与え，メモリやサーバーなどの可用性が低減した場合においても，正しい動作を行うことを確認する．
ユーザビリティテスト	追加修正した機能が理解しやすく，使いやすいものになっているか，視認性や操作性，統一性を確認するテスト．
耐障害テスト	保守要件（異常個所の早期検出能力，トラブル発生時の解決時間の短さ，調査資料の十分性など）が充足していることを確認するテスト．障害が発生した場合においても実行レベルを維持できること，障害発生後に実行レベルへの再確立やデータ回復ができることを確認する．また，コンティンジェンシープランや代替業務を定めている場合は，定めた方針や手順通りに業務再開ができることを確認する．
セキュリティテスト	信頼や安全，保全要件を充足していることを確認するテスト． 〈クロスサイト・スクリプティング（XSS）〉 サイト間を横断して悪意のあるスクリプトを混入させ，不正な動作をさせたりデータを盗んだりされないか，を確認する． 〈SQL インジェクション〉 アプリケーションのユーザー入力領域から SQL 文を混入させ，データを盗んだり，データを削除されたりしないか，を確認する．

などで，提供者がサービスの品質について継続的・定期的に点検・検証し，品質を維持および改善する仕組みのことです．SLAは，ITベンダーと合意したサービスレベルであり，合意した契約に基づきサービス状況を一定期間モニタリングします．モニタリング状況からSLAの有効性を評価します．業務改革に資するサービス水準なのか，高すぎる水準なのか，その水準に連動してサービス価格が設定されますので，適正な水準に見直しや改良していくような仕組みを導入しておきます．

　予測型プロジェクト・ライフサイクルは，計画を重視し，さまざまな既知の開発アプローチ，ルール，テンプレートを活用して進められていきます．

2.2.11　スパイラル型開発

　予測型開発の進め方を何度も行って全体のシステムをつくり上げていく開発方法として，スパイラル型開発（Spiral Model）があります．スパイラル型開発は，ウォーターフォール型開発における要求定義，設計，コーディング，テストの各工程を繰り返す開発モデルです（**図2-8**）．その特徴はまず，全体のシステムをサブシステムに分けるところにあります．サブシステムに分けたら，次は各サブシステム内で設計，開発，テストの流れをつくります．ここまではサブシ

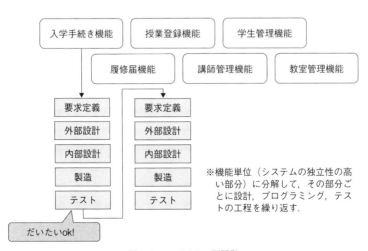

図2-8　スパイラル型開発

ステムに分ける点を除いて，ウォーターフォール型開発と基本的な部分は同じです．

2.3　漸進型開発

　漸進型開発（インクリメンタル型ソフトウェア開発：Incremental Model）は，システムを独立性の高いモジュール（機能）に分割し，モジュールごとに設計，コーディング，テストを行い，追加していきながらシステムを完成させる開発モデルです（**図2-9**）．

　食事を提供する例でいうと，まずサラダが出されて，それを食べると次にパンとバターが出てきて，それを食べるとメインのたらこスパゲティが出てきて，それを食べ終わると，食後のコーヒーが出されるというイメージです．また，ビュッフェ方式の食事方式といってもよいでしょう．ビュッフェ方式とは，お店の真ん中のテーブルに何種類もの料理が置いてあり，各自が自分の好きな料理を好きなだけ取って食べることができるシステムのことです．

　漸進型プロジェクト・ライフサイクルは，すべての成果物ができあがるのを待って提供するのではなく，すぐに使える完成品を提供しながら進行します．

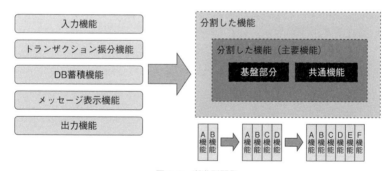

図2-9　漸進型開発

2.4　反復型開発

反復型開発（イテレーティブ型ソフトウェア開発：Iterative Model）は，システムを機能の優先度や重要度によって分割し，システム全体の開発を繰り返して徐々に完成度を上げていく開発モデルです（**図2-10**）.

　料理の例でいうと，まず，コックが新作のメニューを考え，さまざまな素材を取り揃えて，自分で作成してみて，自分で食べてみる.

　次に，その反省と修正を取り入れて，レストラン内部のメンバーで食べてみていろいろとフィードバックを得る. そして，支配人への新作メニューの試食を経て，一般のお客様への料理メニューの提供をする，というようなアプローチに相当します.

　反復型プロジェクト・ライフサイクルは，ある程度できたところで未完成でも提供して，そのフィードバックをもらって改善をしていきながらブラッシュアップしていき，完成度を高めていくような進め方をします.

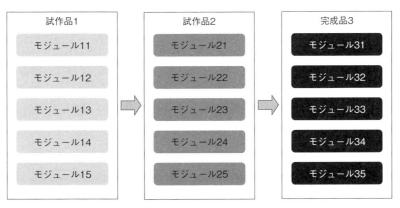

図2-10　反復型開発

‖ 2.5 適応型開発

適応型開発（アジャイル型ソフトウェア開発：Agile Model）とは，一群の
ソフトウェア開発技法（XP，Scrum 等）の総体を意味する言葉です．現実世界
で生じた変更にすばやく適応することに主眼をおきます．プロジェクトで変更が
必要となった場合，プロジェクト・チームは即座に変更に対応します．アジャイ
ル型の開発では，最初から明確に計画を立案するのではなく，設計・実装・テス
トを短期間に何度も繰り返しながら，顧客の意見や要望をその都度取り入れて開
発を進めます．設計・実装・テストの 1 サイクルをイテレーションと呼びます．

　しかし，やみくもに開発を進めてもうまくいきません．そこで，アジャイル
型開発の指針となる技法があります．その代表格が XP と Scrum です．

　XP（extreme programming）は，システム開発におけるプラクティス（習
慣・実践）に主眼が置かれており，**Scrum** はシステム開発におけるチームとし
て仕事を進めるための枠組み（テンプレート）に焦点を当てています．

2.5.1 XP

XP では 5 つの価値が提唱されています．価値というより，開発を行う上での
留意点として認識するとよいでしょう．

　● 価値 1（コミュニケーション）

　プロジェクトが失敗する原因の多くはコミュニケーション不足です．XP では
プロジェクト・チーム内だけでなく，顧客とのコミュニケーションも重視しま
す．

　● 価値 2（シンプル）

　最初の設計を極力シンプルにします．基本的な機能だけを盛り込み，そのほ
かの機能が必要になれば，その都度対応します．

　● 価値 3（フィードバック）

　システム開発において，不要な機能を盛り込むのは大きな無駄です．顧客か
らのフィードバックを得て，必要な機能を洗い出すことを重視しています．

● 価値 4 （勇気）

　最初に綿密な計画を立てないという特性上，途中で大胆な変更が求められる場合があります．その場合，勇気をもって対応することが必要になります．

● 価値 5 （尊重）

　プロジェクト・チームで開発する以上，ほかのメンバーを尊重する姿勢は欠かせません．

　XP では 4 つのプラクティス（習慣・実践）が提唱されています．

（1）　共同のプラクティス

　共同のプラクティスとは，XP に関わる全員を対象とした習慣・実践，プラクティスです．以下の 4 つから構成されています．

　①　反復

　　1 つのイテレーションが，約 1 〜 2 週間で終わるように設定し，これを何度も繰り返し（反復）ながら開発を進めます．

　②　共通の用語

　　プロジェクト・チームで共通の用語を使い，理解するために用語集を作成します．これにより，コミュニケーションミスを防止します．

　③　開けた作業空間

　　プロジェクト・チームと顧客間で，密接かつ即応的なコミュニケーションをとれるように，作業に集中できる環境（開けた作業空間）を構築します．

　④　回顧

　　ミスが再発しないよう，作業状況を明らかにし，過去のフィードバック（頻繁な振り返り）を活かします．

（2）　開発のプラクティス

　開発のプラクティスとは，SE，プログラマーなどの開発チームを対象としたプラクティスです．19 つの習慣・実践，プラクティスに分けられます．主要なものを以下に示します．

① テスト駆動開発

　テスト駆動開発とは，プログラムの実装よりもテスト項目を先に作成することです．これにより，プログラムに求められる機能が抽出されシンプルな設計にすることができます．テストの合格を目標に開発すれば，仕様変更などによる開発途中の揺れ（すぐに対応しなければならないものか否かを見極めることによる影響）を最小にすることができます．なお，テスト項目の実施は自動化が望ましいです．

② ペアプログラミング

　ペアプログラミングとは，2人1組でプログラミングと単体テストを行うことです．1人がプログラミングを行い，もう1人はそれを確認・補佐します．プログラミングしながら確認を行うと，細々とした問題を客観的にすぐに解決できるメリットがあります．また，プログラムを把握している人物が2人いるので，その後の問題発生時にも迅速な対応が可能になり，ロバスト性（堅牢性）が高まります．

③ リファクタリング

　リファクタリングとは，完成したプログラムをわかりやすく書き換えることです．外部の動作を変えることなく，内部構造だけを変更します．同じ動作をするプログラムでも，第三者から見てわかりやすいものに変換されるので，保守性の向上や不具合の発生頻度の低下が期待されます．

④ YAGNI

　YANGI（ヤグニ）は「You Aren't Going to Need It」の略で「今必要なことだけをする」という意味です．プログラミング時には，あとで必要になると思われる機能を考慮して，あれこれと盛り込みたくなるものです．しかし，そうした思惑は外れる場合が多く，結果として無駄になります．YANGIとは，先のことを考えて，前払い的に機能を増やし，実装を複雑化させることを避けるようにすることです．むしろ無駄な機能があれば，削りとり，今必要な機能だけの単純な実装にとどめておきます．このことで，のちのイレギュラーな変更に対応しやすくしておきます．必要なプログラムは先回りして書くのではなく，必要になったときに書くという意味です．

（3）　管理者のプラクティス

　管理者のプラクティスとは，管理者（プロジェクト・マネージャ）を対象とし
たプラクティスです．システム開発が適切に進んでいるかを把握し，プロジェク
ト・チームで共有することで，チームの負荷が大きすぎないか，偏っていないか
を適宜確認することが求められます．次の５つのプラクティスがあります．

　①　責任の受け入れ

　　当然ですが，最終的なシステム開発の責任が，責任者（プロジェクト・マ
　ネージャ）にあることを受け入れます．受け入れるとは，英語ではアグリー
　（同意する），コミット（認める）ということです．

　②　援護

　　チームメンバーの不足部分を補助し，システム開発を援護します．援護す
　るための方法として，本人へのカウンセリング，メンバーの増強，仕事の進
　め方のアドバイス，コンフリクトの調整などがあります．

　③　四半期ごとの見直し

　　プロジェクトの進行状況を顧客とともに四半期ごとにレビューし，必要な
　らば今後の計画を調整し，見直します．

　④　ミラー

　　プロジェクトが今どのような状況かを，プロジェクト・メンバーにわかる
　ように共有することで，チーム全員に，全体の中で，今どこに居るのかを知
　らせます．具体的には，プロジェクトに関するスコープ，スケジュール，品
　質などの図表，グラフをプロジェクトルームの壁に貼って見える化するなど
　します．

　⑤　最適なペースの仕事

　　プロジェクト・チームの負荷が大きすぎないか，常に確認することが求め
　られます．XP は短期間で集中して作業を行う方法であるため，過度な労働は
　避けなければなりません．プロジェクト・マネージャは，チーム全体への負
　荷が大きすぎる場合や特定のメンバーに負荷が偏っている場合など，状況を
　見て負荷配分，進行を調整します．

（4） 顧客のプラクティス

　顧客のプラクティスは，顧客を対象としたプラクティスです．XP では，顧客もプロジェクト・チームの一員としてとらえ，開発の優先順位を付けるのは顧客の役割としています．具体的には，要求機能のコンセプトを短い文章にしたユーザー・ストーリーの作成やリリース計画を立案します．また，イテレーションごとに開発チームとともに受け入れテストを行い，求めた機能が実現しているか確認します．

　顧客のプラクティスには，次の 4 つのプラクティスがあります．

① ストーリーの作成

　ユーザー・ストーリーとは，顧客の背景，利用シーン，必要とする意図，必要な情報，タイミングなどを把握できるように，ユーザーの要望，役割，ゴールなどの内容が含まれており，アジャイル開発において作成されるものです（**図 2-11**）．

　必要とする機能のコンセプト（ユーザー・ストーリー）を，ストーリーカードと呼ばれるカードに短い文章で記述します．そのカードを基にして，開発者・責任者・顧客の全員を含むチームでミーティングを行い，実装の詳細を決定します．

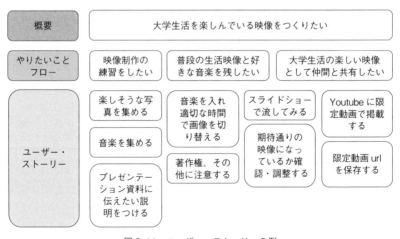

図 2-11　ユーザー・ストーリーの例

② 　リリース計画

　どのユーザー・ストーリーをどのイテレーションの対象とするか，などのリリース計画を提案し，プロジェクト・チームの合意の上で顧客が承認します．

③ 　受入テスト

　イテレーションごとに顧客の立場から受入テストを行い，ストーリーカードに記述した内容が実装されているか確認し，提供されたシステムが顧客の希望に沿っているかを確認します．万一，希望に沿わないような内容であれば，指摘（フィードバック）する義務を負います．

④ 　短期リリース

　完全に動作するシステムを 2 〜 3 週間から，最長でも 2 〜 3 ヶ月という短い期間でリリースします．

2.5.2　Scrum，スクラム

　Scrum は，アジャイル型開発の技法群の中でも，チームとしての仕事を進めるための枠組み（フレームワーク）に主眼を置いています．

　Scrum では，スプリント，バックログ，ロール（役割），スクラム会議とタスクボードといった概念が提唱されています．

（1）スプリント

　短い期間で何度も作業を繰り返すことを反復（イテレーション）といいますが，その繰り返される期間のことをスプリントと呼びます．各スプリントは，一般的には 1 〜 2 週間ほどが充てられます（**図 2-12**）．

　スプリントレビューは，スクラム開発を導入したプロジェクトで，スプリントの終わりに実施される会議です．スプリントレビューでは，完成した機能を顧客に操作して見せる，今後の開発の見通しを示す，などを行います．つまり，「このスプリントの成果は何だったのか？」「残りの作業はどのくらいか？」「それらの作業をどのように処理していくのか？」などを検討する場がスプリントレビューです．

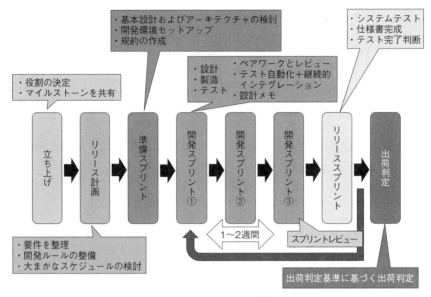

・基本設計およびアーキテクチャの検討
・開発環境セットアップ
・規約の作成

・システムテスト
・仕様書完成
・テスト完了判断

・設計
・製造
・テスト

・ペアワークとレビュー
・テスト自動化＋継続的
　インテグレーション
・設計メモ

・役割の決定
・マイルストーンを共有

立ち上げ　リリース計画　準備スプリント　開発スプリント①　開発スプリント②　開発スプリント③　リリーススプリント　出荷判定

1〜2週間

スプリントレビュー

・要件を整理
・開発ルールの整備
・大まかなスケジュールの検討

出荷判定基準に基づく出荷判定

図 2-12　スプリントの例

（2）プロダクト・バックログ

　製品に必要な要素（機能や技術的改善要素）に優先順位をつけて一覧にしたものです．各要素はステークホルダー（顧客やプロジェクト・チーム）全員が参照し，相対難易度やコスト見積りがつけられ，現在の状況を把握できるようになっています．これにより，仕様変更が起きたとき，「なぜ変更が必要なのか」が理解しやすくなり，プロダクトの全体の進捗への影響の把握・伝達がスムーズになります．

（3）スプリント・バックログ

　スプリント・バックログは，プロダクト・バックログからスプリント期間（1〜2週間）分を抜き出したタスクリスト（やることリスト）です．プロジェクト・チームは，予定どおりにきちんとタスクを終わらせられるかを検討します．チームとしてスプリント・バックログを確実に完了させることに集中します．

（4）スクラム会議とタスクボード

　チームとして，スプリント・バックログを確実に完了させるためには，チームとして作業中の情報を共有することが大切であり，そのための会議がスクラム会議です．スプリント期間中，チームは毎日スクラム会議を開きます．スクラム会議は平日の決まった時間に，決まった場所で行います．

　スクラム・マスターとは，チームの各メンバーと協力し，スクラムを通してチームの指導と教育を行う役目を持つ人です．スクラム・マスターがタスクボードを使って，各メンバーに「前回の会議以降，何をしたか」「着手していること」「障害はあるか」「次回の会議までに何をするか」の質問をし，メンバーは，それに答えていきます（**図2-13**）．このメンバーからの答えをチーム全員で共有します．細かい問題に立ち入ることは避け（別途，問題解決のための時間を取り），15分以内を目安に完了させます．

●抽出したタスクを見えやすい位置に貼ると作業の進捗が一目で把握できる

メンバー (赤木 緑)	*Done* (完了したこと)	*Doing*（*In Progress*) (着手していること)	*To Do* (これからやること)
顧客要求 の聞き取り	顧客にアポイント 聞き取りの要点抽出 聞き取り	聞き取り内容の整理	実現方法の説明
顧客要求 の分析	顧客環境の分析 競合分析 顧客の戦略分析	顧客の戦略と聞き取り内容の整合性確認 顧客要求を開発要件にまとめる	
顧客要求 の実現方 法の検討	実現手段の調査 顧客の成熟度調査 顧客のガバナンス調査	開発要件の実現性の検証 代替案の検討	基本設計
Problem (問題)	ヒアリングに遅刻しそうになった 競合分析が不十分		納期が迫っている

図2-13　タスクボードの例

① スクラム・マスターのロール（役割）

　スクラム・マスターは，必ずスクラム会議に出席し，チームメンバー全員に，To Do（これからやること），Doing，In Progress（着手していること），Done（完了したこと），Problem（問題になっていること）を質問します．会話はこれらの質問への応答に限られます．その質疑応答の結果によっては，別途，対策会議を開くこともあります．問題があると報告された場合，スクラム・マスターは即座に意思決定する責任を負います．問題が外的要因によるものである場合，スクラム・マスターがその解決の責任を負います．

② チームのロール（役割）

　スクラムでは，開発チームはスポーツのチームのように機能しなければならないとされ，各メンバーが協力し，全体として同じゴールを目指します．スクラムではチームの人数は3人から10人が理想とされています．チームメンバーはチームとして，作業プロセスと作業結果の責任を持ち全力で仕上げていきます．リーダーやマネージャに責任を押し付けず，チーム全体でセルフマネジメントすることが求められます．

③ プロダクト・オーナーのロール（役割）

　製品の総責任者であり，顧客の要望（ユーザー・ストーリー）に基づき，プロダクト・バックログの作成と優先順位付けの最終責任を持ちます．顧客の意思の代表としての役割を担います．ビジネスの視点においてプロジェクトに問題がないことを保証する（妥当性確認の）役割を持ちます．

　適応型プロジェクト・ライフサイクルでは，漸進型の素早い成果物提供のメリットと，反復型の素早いフィードバックを得て改善していくメリットの両方を取り込んだ進め方を行います．

第❸章

プロジェクト統合マネジメント 初期段階

3.1 プロジェクトマネジメントの全体像

プロジェクトマネジメントを実践する場面においては，プロジェクト・マネージャが認識すべき原理・原則を踏まえた上で，時系列的に流れに沿って進めるプロセス（活動・手順）とその局面があります．このプロジェクトをみる局面のことを知識エリアと呼びます．

プロジェクトの進行に沿って進めていくプロセスの集まりを，**プロセス群**といいます（**図 3-1**）．

立上げプロセス群では，プロジェクトの公式な認定とプロジェクト・マネージャの任命が行われます．

計画プロセス群では，すべての知識エリアに関する計画立案を行いプロジェ

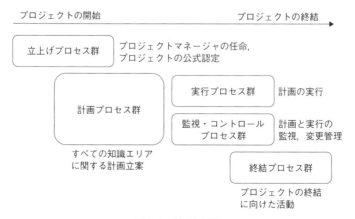

図 3-1　プロセス群

クト計画書に統合して，プロジェクト・メンバーに周知徹底します．プロジェクトをみる局面，すなわち知識エリアとしては，プロジェクト統合マネジメント，プロジェクト・スコープ・マネジメント，プロジェクト・スケジュール・マネジメント，プロジェクト・コスト・マネジメント，プロジェクト品質マネジメント，プロジェクト資源マネジメント，プロジェクト・コミュニケーション・マネジメント，プロジェクト・リスク・マネジメント，プロジェクト調達マネジメント，プロジェクト・ステークホルダー・マネジメントの 10 の局面があります．名称が長いので，以降は「プロジェクト」を省略して記載します．

　実行プロセス群では，プロジェクト・マネージャは，計画プロセス群で立案されたプロジェクト計画書に基づいて，プロジェクト・メンバーを指揮統制してプロジェクトを実行します．

　監視・コントロールプロセス群では，プロジェクト計画と実行のプロセスと成果物の差異を監視し，必要に応じて変更要求をしながらコントロールしていきます．プロジェクトの特徴の一つに不確実性がありますが，これに対応するため，変更要求は常に発生します．この変更要求を適切に管理して，プロジェクト計画を更新するなどして正常状態に戻していきます．

　終結プロセス群では，プロジェクトで経験したさまざまな行動様式，活動成果，生産性などを，別のプロジェクトの参考になるような形で教訓としてまとめます．また，このプロセス群においてプロジェクトの終結が公式に認定されます．

　プロジェクトの時系列的な流れに沿ったプロセス群と知識エリアを一つの表に表すと，図表のようなプロジェクトマネジメントのプロセス（活動・手順）表になります．

　プロジェクトマネジメントの時系列的な流れでみると，立ち上げプロセス群，計画プロセス群，実行プロセス群，監視コントロールプロセス群，終結プロセス群があります（**表3-1**）．

　一つ注意すべきことは，プロジェクト・マネージャは，これらすべてのプロセスを，いつもすべてのプロジェクトに画一的に適用すべきと言っているわけではありません．プロジェクト・マネージャは，プロジェクト・チームと協力して，このプロジェクトでは，どのプロセスが適切であり，それぞれのプロセスを

表3-1　プロジェクトマネジメントのプロセス表

PMBOK第6版	立ち上げプロセス群	計画プロセス群	実行プロセス群	監視コントロールプロセス群	終結プロセス群	プロセス数
プロジェクト統合マネジメント	プロジェクト憲章の作成	プロジェクトマネジメント計画書の作成	プロジェクト作業の指揮・マネジメント プロジェクト知識のマネジメント	プロジェクト作業の監視・コントロール 統合変更管理	プロジェクトやフェーズの終結	7
プロジェクト・スコープ・マネジメント		スコープ・マネジメントの計画 要求事項の収集 スコープの定義 WBSの作成		スコープの妥当性確認 スコープのコントロール		6
プロジェクト・スケジュール・マネジメント		スケジュール・マネジメントの計画 アクティビティの定義 アクティビティの順序設定 アクティビティ所要期間の見積り スケジュールの作成		スケジュールのコントロール		6
プロジェクト・コスト・マネジメント		コスト・マネジメントの計画 コストの見積り 予算の設定		コストのコントロール		4
プロジェクト品質マネジメント		品質マネジメントの計画	品質のマネジメント	品質のコントロール		3
プロジェクト資源マネジメント		資源マネジメントの計画 アクティビティ資源の見積り	資源の獲得 チームの育成 チームのマネジメント	資源のコントロール		6
プロジェクト・コミュニケーション・マネジメント		コミュニケーション・マネジメントの計画	コミュニケーションのマネジメント	コミュニケーションの監視		3
プロジェクト・リスク・マネジメント		リスク・マネジメントの計画 リスクの特定 リスクの定性的分析 リスクの定量的分析 リスク対応の計画	リスクの対応策の実行	リスクの監視		7
プロジェクト調達マネジメント		調達マネジメントの計画	調達の実行	調達のコントロール		3
ステークホルダー・マネジメント	ステークホルダーの特定	ステークホルダー・エンゲージメントの計画	ステークホルダー・エンゲージメントのマネジメント	ステークホルダー・エンゲージメントの監視		4
プロセス群別プロセス数	2	24	10	12	1	49

どの程度の厳密さで実施すべきかを決定する責任があります．プロジェクトにも石油コンビナートを建設するプロジェクトもあれば，システム開発プロジェクトもあれば，料理プロジェクトもあります．プロジェクトの規模や属性に合わせて，適切にテーラリングして使用すればよいのです．

3.2　プロジェクト統合マネジメント

　さて，プロジェクトの時系列的な流れに沿って進めるプロセス（活動・手順）について，プロジェクト統合マネジメント初期段階で，何を行うべきか，を説明します．

　プロジェクト統合マネジメントとは，プロジェクトの進行に合わせて実施されるさまざまなプロセス（活動・手順）をまとめた知識エリアです（**図3-2**）．別の言い方をすると，プロジェクトの進行に合わせて行うべきプロジェクト・マネージャの仕事の流れを表したプロセス（活動・手順）です．

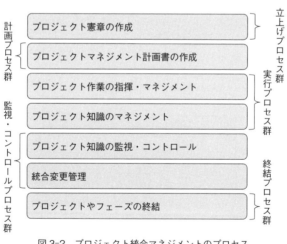

図3-2　プロジェクト統合マネジメントのプロセス

3.3　プロジェクト憲章の作成プロセス

　プロジェクトは，どのような経緯で，誰が立ち上げるのでしょうか？　これを説明するために，プロジェクトに関して重要な登場人物を紹介します.

　プロジェクト・オーナー（Project Owner），プロジェクト・スポンサー（Project Sponsor），そしてプロジェクト・マネージャ（Project Manager）です（**図3-3**）.

　プロジェクト・オーナーとは，そのプロジェクトの実施を決定している人，プロジェクトに対して出資決定をしている人です. わかりやすく言えば，発注企業の経営推進者のことです.

　プロジェクト・スポンサーとは，プロジェクトのビジネス・ケース文書の作成と維持に責任を有する人，プロジェクトに対してリソースの提供をする人，プロジェクト・マネージャを任命する人です.

　プロジェクト・マネージャとは，プロジェクトを推進する人です. 推進するにあたっては，さまざまな知識，能力，スキル，コンピテンシーなどが求められます.

　プロジェクトへの要求事項が，プロジェクト発足の原点です. プロジェクト

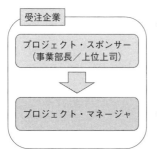

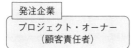

⇒プロジェクト・オーナーは，そのプロジェクトの実施を決定している人で，プロジェクトに対して出資決定をしている.

⇒プロジェクト・スポンサーは，**プロジェクトのビジネス・ケース文書の作成と維持に責任**を有する. また，プロジェクトに対してリソースの提供をする人で，プロジェクト・マネージャの任命者（**プロジェクト憲章の発行者**）.

⇒プロジェクト・マネージャは，プロジェクト計画書を作成し，プロジェクトを推進する人.

図3-3　プロジェクトの重要人物

ビジネス・ケースは，次のようなきっかけでプロジェクト・スポンサー（上位上司）が作成する

市場の需要	例）ガソリン不足時の低燃費車の開発
顧客要求	例）顧客管理の機能が使いにくいので改善してほしい
組織のニーズ	例）顧客管理システムが古くなっているので新規に開発してほしい
社会的ニーズ	例）発展途上国への技術支援システムの開発依頼
技術的進歩	例）顔認証を使った授業の集中度管理システムの開発依頼
法的要件	例）消費税改定に伴うシステムの変更要求
生態系への影響	例）地球温暖化が生態系に及ぼすモニタリングシステムの開発

図 3-4　ビジネス・ケース

への要求事項のことをビジネス・ケースと呼びます（**図 3-4**）．プロジェクト・オーナーからの依頼（または契約）を受けて，プロジェクト・マネージャの上位上司であるプロジェクト・スポンサー（部門長）が「プロジェクト」を立ち上げて，ビジネス・ケースの目標を達成したいと考えたら，プロジェクト憲章を作成してプロジェクト・マネージャを任命します．理屈の上では，プロジェクト・マネージャは，プロジェクト憲章に書かれている要件を見て，そのプロジェクトのプロジェクト・マネージャを快諾するか否かを判断できますが，現実的には，拒否するのには，相当な勇気が必要です．しかし，プロジェクトの成功シナリオが描けない場合には，勇気をもって断ることも必要です．

　プロジェクト憲章とは，その組織においてプロジェクトの存在を正式に認可する文書のことです．プロジェクト・スポンサーが発行します．プロジェクト憲章によって，プロジェクト・マネージャは，組織が持っている資源（ヒト，モノ，カネ，情報）をプロジェクト活動のために使用する権限を得ることができます．プロジェクト・マネージャの成績評価にも直結する重要な文書なので，安請け合いせず，慎重に分析することが必要です．

　プロジェクト憲章の内容は，Why，What，How の部分から構成されています（**図 3-5**）．Why の部分には，「なぜ，このプロジェクトをやらなければなら

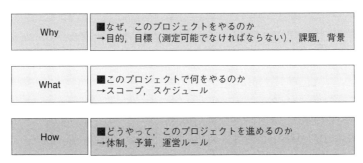

図 3-5　プロジェクト憲章

ないのか」について「目的は何か」「どのような目標を達成すればよいのか（そのため測定可能でなければなりません）」「課題（なすべきこと）は何か」「背景について（なぜこのプロジェクトを発足しようとしているのか）」が記載されていなければなりません.

　また，What の部分には，「このプロジェクトで何を構築するのか」「スコープ（期待される完成したサービス，成果物はどのようなものか，どの程度のものをつくるのか）」「スケジュール（いつまでにサービス，成果物が必要なのか）」「品質（どの程度の性能が求められているのか）」「コスト（どの程度の費用を使えるのか）」が記載されていることが必要です.

　さらに，How の部分には，「どうやって，このプロジェクトを進めるのか」について「体制（どのような体制が取れるのか）」「予算（どのくらいの資金を使えるのか）」「運営ルール（組織の支援はどのようなものがあるのか）」「権限（プロジェクト・マネージャに与えられている権限はどのようなものがあるのか）」が記載されていることが求められます.

　プロジェクト・スポンサーは，どのような情報をもとに，このプロジェクト憲章をつくるのでしょうか？

　PMBOK に書かれている IPO では，このプロジェクト憲章作成プロセスの入力情報（Inputs）として，ビジネス文書，契約書や SLA などの合意書，組織体

の環境要因，組織のプロセス資産を提示しています．

　ビジネス文書とは，ビジネス・ケースとベネフィット・マネジメント計画書のことです．ベネフィット・マネジメント計画書とは，そのプロジェクトが生み出すベネフィット（便益）をいつどのように実現するのかについて説明したもので，それを具体的にどうやって計測するかを示しているものです．プロジェクトは，価値実現システムの一つの要素であり，どの程度の価値を実現するのかを，この計画書で目論んでおきます．

　プロジェクト・スポンサーは，これらの情報をもとに，専門家に確認し，関係者と会議をするなどして検討します．これらをツールと技法（Tools & Techniques）と呼んでいます．

　そして，成果物（Outputs）としてのプロジェクト憲章を作成します．

　このプロジェクト憲章を「受諾する」ことによって，プロジェクトの実行責任が，プロジェクト・スポンサーからプロジェクト・マネージャに移転し，組織において「プロジェクトが公式に認可」されます．

　プロジェクト・スポンサーも任命責任がありますので，信頼できるプロジェクト・マネージャを選任しなければなりません．

‖3.4　プロジェクトマネジメント計画書の作成プロセス

　プロジェクトにとって最も大切なものは，**プロジェクトマネジメント計画書**です．プロジェクト憲章を受け取ったプロジェクト・マネージャは，自らの責任で引き受けたそのプロジェクトを成功裏に終わらせるために，プロジェクト・メンバーにわかるような計画をつくり，その活動を統制することが必要です．それぞれのプロジェクトには，それぞれの目的と目標がありますが，プロジェクト・チームとして効果的・効率的に活動するための道筋を示すことが必要です．

　このプロセスの入力情報（Inputs）としては，当然ながらプロジェクト憲章が必要であり，組織体の環境要因，組織のプロセス資産なども必要になります．

　組織体の環境要因（EEF：Enterprise Environmental Factors）とは，プロジェクトが所属している組織（会社とか事業部）が持っている外部環境，内部環境，その組織が持っている制約（地理的な制約，要員の制約）などのことで

す．当然といえば，当然のことです．

　組織のプロセス資産（OPA：Organizational Process Assets）とは，プロジェクトが所属している組織によって使われている特有の計画（セキュリティ監視月間，新入社員育成計画など），プロセス（その組織特有の活動や手順など），方針，手続き，および教訓リポジトリなどです．

　教訓リポジトリとは，教訓の保管場所のことです．プロジェクトマネジメントを経験すると成功体験や失敗体験，反省，後悔などの感情や自分なりの工夫を経験しますが，これらを何らかの形で残しておくことは大切なことです．

　例えば，次のような教訓リポジトリがあります（**図3-6**）．

```
■この顧客は，この技術に対するこだわりが強い
■あのステークホルダーは，プロジェクトの終盤に変更要求を出してくることが多い
■このプロジェクト・マネージャの進捗確認は，全員で解決策を考えようとする前向きな姿勢がある
■このプロジェクト・メンバーの技術に関する事前調査は甘い
```

図3-6　教訓リポジトリの例

　統合マネジメントにおけるこのプロセスでは，プロジェクト・マネージャがプロジェクトマネジメント計画書を作成することになっていますが，実態は，計画プロセス群の中にあるそれぞれの知識エリアの計画関連のプロセスでつくられる計画（補助マネジメント計画書といいます）の総和としてプロジェクトマネジメント計画書を作成します．

　プロジェクトマネジメント計画書は，プロジェクト・ベースライン，補助マネジメント計画書，プロジェクト・ライフサイクルの記述，開発アプローチから構成されます．

　ベースラインとは，基本線のことであり，計画書をつくるための前提条件のことです．何をいつまでにどのくらいのコストでつくるのかが決まっていないと計画はつくれません．そのために，「何を」の部分を規定したスコープ・ベースライン，「いつまでに」の部分を規定したスケジュール・ベースライン，「どのくらいのコストで」の部分を規定したコスト・ベースラインを最初に確定させます．

プロジェクトマネジメント計画書

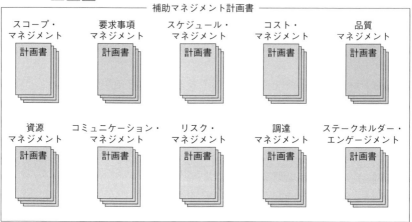

図 3-7 補助マネジメント計画書の構成

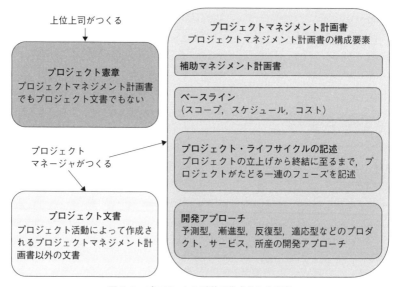

図 3-8 プロジェクト活動で作成される文書

　補助マネジメント計画書には，スコープ・マネジメント計画書，要求事項マ
ネジメント計画書，スケジュール・マネジメント計画書，コスト・マネジメント
計画書，品質マネジメント計画書，資源マネジメント計画書，コミュニケーショ
ン・マネジメント計画書，リスク・マネジメント計画書，調達マネジメント計画
書，ステークホルダー・マネジメント計画書があります（**図 3-7**）．

　このプロセスだけで，プロジェクトマネジメント計画書全体を作成するとい
うことではなく，それぞれの知識エリアでつくられた補助マネジメント計画書
を，この計画書に集めて統合していく，という位置づけになります．

　プロジェクト活動で作成される文書には，プロジェクト憲章，プロジェクト
マネジメント計画書のほかにプロジェクト文書があります（**図 3-8**）．

　プロジェクト文書は，各知識エリアで作成される文書で次のようなものがあ
ります（**表 3-2**）．

表 3-2　プロジェクト文書

知識エリア	プロジェクト文書の例
統合	教訓登録簿，要求事項文書，変更ログ，課題ログ
ステークホルダー	ステークホルダー登録簿
スコープ	プロジェクト・スコープ記述書，資源要求事項，要求事項トレーサビリティ・マトリックス
スケジュール	アクティビティ属性，所要期間見積り，見積りの根拠，アクティビティ・リスト，スケジュール予測，スケジュール・データ，マイルストーン・リスト，資源ブレークダウン・ストラクチャー，プロジェクト・スケジュール・ネットワーク図，プロジェクト・スケジュール
コスト	コスト見積り，コスト予測
品質	品質コントロール測定結果，品質尺度，テスト・評価文書，品質報告書
資源	資源カレンダー，物的資源の割当て，プロジェクト・カレンダーチーム憲章，プロジェクト・チームの任命
コミュニケーション	プロジェクト伝達事項
リスク	前提条件ログ，リスク登録簿，リスク報告書
調達	入札招請書，情報提供依頼書，提案依頼書，見積依頼書

■そのプロジェクト，引き受けるべきか■

　プロジェクト・マネージャは，プロジェクトスポンサー（上位上司）からかなり難しいプロジェクト憲章を提示された場合に，「私にはできません」と拒否できるかといえば，そのような会社は，まず，ないでしょう．

　では，そのようなとき，どうすべきか？

　上位上司は，「プロジェクトを必ず成功させることを依頼している」のです．

　「君しかいない，是非，プロジェクトを引き受けてほしい」と指示されたとしても，あなたは，そのプロジェクトにおける自分の役割と責任，権限を確認し，顧客の協力姿勢，プロジェクト・メンバーのスキルや組織の能力，パートナーのスキルや能力などを吟味します．そして，見えない部分は，しっかりと「この条件はこの条件が満たされたときに有効です」などの前提条件を付けて示し，文書に残し，既知の未知のリスクを提示し，継続的に組織や上位上司をコントロールすべきです．

　上位上司の立場で考えると，自分が抱えている案件を部下であるあなたに任せてしまって，精神的に楽になりたいと思っているはずです．

　プロジェクトはプロジェクト・マネージャであるあなただけの所有物ではありません．組織として解決しなければ成功しない局面があります．

　自分がちゃんとプロジェクトの成功まで見通せている案件であれば，すぐに，引き受けても問題ありませんが，ほとんどの案件は，組織的な成熟度や能力で対応しなければ，成功プロジェクトにはなりません．個人的な見通しだけで絶対に安易に引き受けるべきではありません．

　引き受ける，引き受けないという個人の問題ではなく，組織的にこの案件を成功という成果に結びつけられるかという視点で考えるべきなのです．

第4章

プロジェクト統合マネジメント 実行監視段階

　プロジェクトは，プロジェクト・マネージャがプロジェクトマネジメント計画書を作成し，キックオフミーティングなどを開催して，プロジェクト・メンバーに周知徹底を図ります．その上で，プロジェクトはチームとして一体化し活動（実行）を開始します．プロジェクトの特徴の一つに段階的詳細化があり，当初の計画通り進むことは稀です．継続的にプロジェクト活動やその成果物を監視しなければなりません．さまざまな変更要求が提出され，その対応についても審査が必要です．承認された変更要求の処置により，プロジェクトの成功に向けてコントロールしなければなりません．また，プロジェクト活動から生まれる貴重な体験を教訓にまとめるなど，組織のナレッジを高めていく活動をします．

4.1　プロジェクト作業の指揮・マネジメントプロセス

　いよいよ，プロジェクトの実行監視段階になります．プロジェクト・マネージャは，プロジェクトマネジメント計画書に基づき，プロジェクト・メンバーをどのように指揮しマネジメントするか，という点が中心の課題となる段階です．

　プロジェクト作業の指揮・マネジメントを行うためには，プロジェクト・メンバーのエンパワーメント（empowerment）が重要です．

　エンパワーメントとは，一人ひとりが自らの仕事に対する貢献意識を持ち自律的に行動できること，本来持っている力を発揮し，自らの意思決定により自発的に行動できるようにすること，現場力を持って対応することです．そのためには，そのメンバーへの権限委譲が必要です．

　権限委譲とは，本来，プロジェクト・マネージャが持っている権限をメンバーに与え，仕事の遂行方法や意思判断を自発的に行わせるようにすることです．こ

れによって，メンバーの持つ能力を引き出し，プロジェクトや組織としてのパフォーマンスを最大化することができます．権限委譲するためには，プロジェクト計画やプロジェクトの置かれている状況，プロジェクト・マネージャの価値観といったものを日ごろから伝えておくことが必要です．

　大勢のプロジェクト・メンバーのプロジェクト作業の指揮・マネジメントを行うためには，**プロジェクトマネジメント情報システム**（PMIS：Project Management Information System）が必要となります．

　プロジェクトマネジメント情報システムとは，プロジェクト・チーム間やステークホルダーに対して情報を共有するために，プロジェクトマネジメントで使用されるシステムツールです．単体の情報システムだけではなく，複数の情報システムを組み合わせることもあります．

　プロジェクトマネジメント情報システムには，それぞれの知識エリアで発生する大量のプロジェクト情報を，収集，加工，分析，検証，蓄積，図表・グラフ描画，配信，報告できる機能が必要です．

　プロジェクト作業の指揮・マネジメントを行うためには，それぞれのチームやメンバーおよびそれらの総体としてのプロジェクト全体の作業パフォーマンス・データ（予定と実績，差異，傾向など）を把握しなければなりません．

　プロジェクトの進行とともに，たくさんの変更要求が発生します．

　変更要求は，口頭で発案してもよいのですが，必ず書面に記録し変更管理システム（紙，表計算ソフト，またはプロジェクトマネジメント情報システムなど検索できるものでもよい）に保管します．それぞれの変更要求についてプロジェクト・マネージャや責任者が採否，保留を決めます．変更要求の中でもベースラインに影響を与える変更要求については，**変更管理委員会**（CCB：Change Control Board）の承認が必要となります．

　変更管理委員会は，顧客とベンダー双方の参加で構成され，変更要求に対する影響（進捗，品質，コストなど）を考慮し，意思決定を行うことを主たる任務としています．

　変更要求は，承認されれば「承認済み変更要求」となり，是正処置（実績を計画に沿うように調整すること），予防処置（実績が今後，計画からずれないように予防的に対処すること），欠陥修正（不具合を修正すること），更新（プロジェ

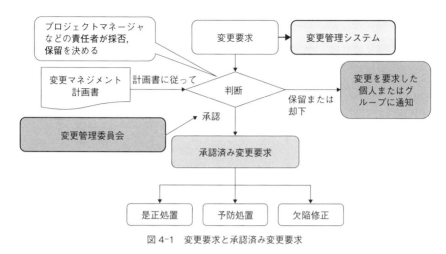

図 4-1　変更要求と承認済み変更要求

クトマネジメント計画書やプロジェクト文書などに対する内容の追加や修正を反映すること）のいずれかになり，プロジェクト・チームによりスケジュールされ処置されます（**図4-1**）．

　承認済み変更要求については，プロジェクトの進め方にも影響しますので，プロジェクトマネジメント計画書やプロジェクト文書を改訂することもできます．

　変更要求の取り扱いや変更管理委員会の役割と責任については，変更マネジメント計画書に記載しておきます．

‖ 4.2　プロジェクト知識のマネジメントプロセス

　プロジェクトは，始めがあって終わりがあるものです．これは，プロジェクト活動で得た経験，教訓，知識を別のプロジェクトで，再度反復しながらブラッシュアップして磨きをかけることができるということです．プロジェクト知識のマネジメントプロセスは，プロジェクトの目標を達成するために，実践した経験やパフォーマンス結果，再分析などをナレッジとして組織としての学習に貢献するために，教訓登録簿や組織のプロセス資産として保存・活用しようとするプロセスです．ナレッジマネジメントについては，SECIモデルがわかりやすく体系

共同化の場「創発場」 ＝価値発見の場，雑談，飲み会	表出化の場「対話場」 ＝価値設計の場，発表会，会議
暗黙知から暗黙知が生まれる． 共同体験や話し合いの中から新たな気づき，学び，アイデアが生まれる．	暗黙知を形式知に変換する． 経験によって得たコツ，ノウハウ，アイデアを，言葉や図で表現し，伝えるもの（YouTube，プレゼンテーション）にする．
内面化の場「実践場」＝価値実現の場 診断実習，業務の現場	連結化の場「システム場」 ＝価値実証の場，チーム演習，仮想空間
新たな形式知を体験の場に活かし，そこから得られる暗黙知を獲得する．	形式知を，別の視点で他の形式知と組み合わせる．チーム演習で新しい学びと新たな形式知（新たな図解，新たな数式，新たなモデル）を創造する．

図 4-2　価値発見，価値設計，価値実証，価値実現の場を提供

化されています．

　SECI モデルの活用法を紹介します **（図 4-2）**．

　ナレッジマネジメントが有効に働くか否かは，「場」の設計とその場に参加するメンバーの「人間関係とチームに関するスキル（知識，能力，態度，意欲など）」が重要です．

　「場」には，創発場，対話場，システム場，実践場があります．

　● **創発場**

　他者の「考えている」暗黙知から自分で「感じ取る」暗黙知を共有する空間のことです．具体的には，この創発場のことを共同化（Socialization）の場（価値発見の場）といいます．雑談や飲み会などの共同体験や話し合いの中から，新たな気づき，学び，アイデア，「それいいね」といった価値発見があります．

　● **対話場**

　自分の「考えている」暗黙知から他者に「わかるような形で」形式知を提供する空間のことです．

　具体的には，この対話場のことを表出化（Externalization）の場（価値設計の場）といいます．発表会，会議などで，もやもやとした経験によって得たコツ，ノウハウ，アイデアを価値設計し，他者にわかる形で言葉や図に変換して，

YouTube，プレゼンテーションを通して他者に伝達します．

●システム場

自分で「理解している形の」形式知を他者が理解している形の形式知と共有して「よりわかりやすい」形式知に進化させる空間のことです．

具体的には，このシステム場のことを連結化（Combination）の場（価値実証の場）といいます．

対面または仮想空間で，図表を使ってチーム演習を行い，各自の考えている形式知（図解，数式，モデルなど）から，お互いの意見を通じて，新しい学びと新たな形式知（新たな図解，新たな数式，新たなモデル）を創造していく空間のことです．

● 実践場

自分が「獲得した」形式知を現実の場面で実際に使ってみて「より深くわかった」暗黙知を獲得する空間のことです．

具体的には，この実践場のことを内面化（Internalization）の場（価値実現の場）といいます．

実際の業務の現場，経営診断の場，新たな形式知としての知識体系を実践の場で活用して，そこから得られる新たな暗黙知を獲得する空間のことです．

「場」の中で創出されたナレッジをスパイラルアップしていくためには，その場にいるメンバーの「**人間関係とチームに関するスキル**」が重要です．このスキルには，積極的傾聴，ファシリテーション，リーダーシップ，ネットワーキングなどがあります．

積極的傾聴は，聴き手の主体的な働きかけによって，話し手をより深く理解するための方法であり，話し手の本音や思考を促す深いコミュニケーションを目指します．真摯な態度が必要です．積極的傾聴のスキルを持つことは，誤解を減らすことに役立つほか，コミュニケーションおよび知識の共有を改善します．

ファシリテーションは，チームでの意見交換を良好な決定，解決策，または結論に効果的に導くのに役立ちます．

リーダーシップは，ビジョンを伝え，適切な知識と，チームの目標に焦点をあてるようチームを動機づけます．

　ネットワーキングは，ステークホルダー間のつながりや人間関係を確立し，暗黙知および形式知を共有する条件を整えます．

　プロジェクト知識のマネジメントプロセスでは，プロジェクトの目標を達成し，組織としての学習に貢献するために，新しい知識を体系的に創造します．その成果物として教訓登録簿や新しい組織のプロセス資産をつくり上げていきます．

　教訓登録簿のつくり方は，一つひとつの教訓を，プロセスをフローチャート化する，数式にまとめる，定量化して再現できるようにする，モデル化してテンプレートにまとめる，チェックリストにまとめる，映像化して保存する，などさまざま考えられます．

4.3　プロジェクト作業の監視・コントロールプロセス

　プロジェクト活動の結果として中間成果物ができあがってきます．プロジェクト・マネージャは，プロジェクトマネジメント計画書に記載されている計画と実績を監視しながら，適切にコントロールしなければなりません．これを**モニタリング＆コントロール**といいます．

　モニタリングとは，監視対象を継続的に注視することであり，コントロールとは，差異の原因分析を行い，原因を除去する，または影響を軽減する対策を立案し，是正処置を行い，元の計画に戻そうとすることです．

　人間は問題が発生すると経験や勘に頼って，「たぶんこれが原因！」といった対応をしがちですが，これでは，いつまでたっても解決しない事態に遭遇することがあります．経験や勘に頼るのではなく，データや事実に基づいて分析・判断していく姿勢を持ち続けることが大切です．事実に基づく管理（ファクトコントロール，Fact Control）の実践をするには，次のような姿勢が重要です．

　①　現場に行き，データを取り，解析し，情報を引き出す
　②　単に数字を眺めるのではなく，統計的な「道具」の助けを借りて効率的に解決する

　データを使って原因を分析することをデータ分析といい，代替案分析，アー

ンドバリュー分析，傾向分析，費用便益分析，根本原因分析，差異分析などの技法があります．

● **代替案分析**（Alternative Analysis）

作業を完成させるための複数の方法を比較検討し，最適な方法を決める分析法です．

● **アーンドバリュー分析**（Earned Value Analysis）

計画出来高，実績出来高，実績コストに関する指標を収集し，成果物，スケジュール，コストに関する現状分析と予測を行う分析法です．

● **傾向分析**（Trend Analysis）

実績情報を使用して，計画と実績を比較し，将来の傾向を分析する技法です．

● **費用便益分析**（Benefit Cost Analysis）

成果物生成にかかる費用と便益を比較する分析技法です．

● **根本原因分析**（Root Cause Analysis）

問題が発生したとき，表面的な問題自体に対処するのではなく，その問題の根本原因を分析して対処する問題解決する技法です．

● **差異分析**（Variance Analysis）

実績を計画と比較し，差異の大きさとその原因を確認し，生じる影響により，是正処置や予防処置の必要性を分析，判断する技法です．

中間成果物は，プロジェクトの活動の結果として生成されます．

したがって，プロジェクト・マネージャは，作業パフォーマンス情報を分析し，適切な意思決定を行わなければなりません．

なにごとも注視（モニタリング）している間は，すぐに軽微な変化に気づき早めの対応をしますが，大きな問題に発展するのは，監視を怠ったときや忘れたときに，回復不可能な大問題になっていることが多いのです．プロジェクトを成功させるために重要なことは，監視対象を注視し続けることです．

4.4　統合変更管理プロセス

　プロジェクトの特徴の一つに不確実性があります．したがって，プロジェクトには，変更がつきものであり，変更要求がでてきます．プロジェクトの進め方や成果物に変更要求があった場合には，変更要求をレビューし，承認された変更要求は，確実に是正処置，予防処置，欠陥修正，更新，等の処置を行って，成果物，組織のプロセス資産，プロジェクト文書，プロジェクトマネジメント計画書などへの変更をマネジメントし，決定事項を伝達するための仕組み（プロセス）をつくっておかなければなりません．

　統合変更管理プロセスを実施するためには，二つのツールが必要となります．マネジメント領域を統制する変更管理（Change Management）と，プロダクト領域を統制する構成管理（Configuration Management）です（**図4-3**）．

　変更管理では，どのような承認済み変更要求で変更するのか，誰（スポン

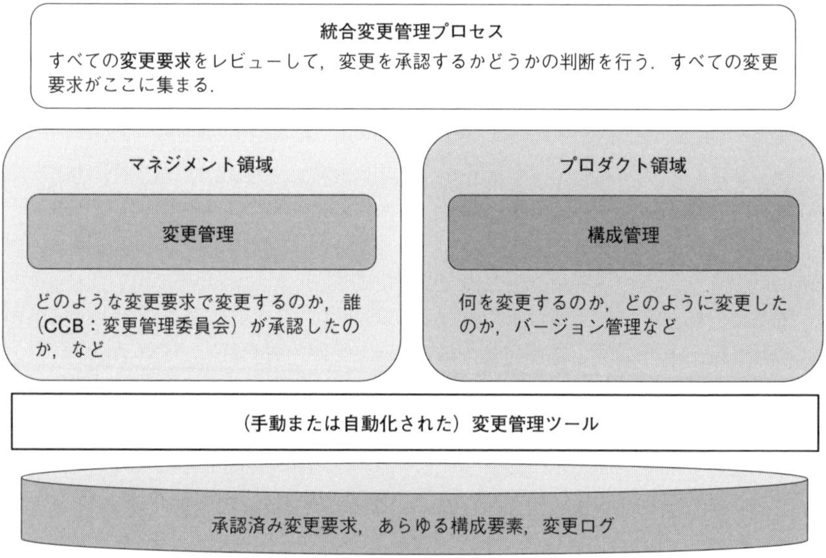

図 4-3　変更管理ツール

サー，プロジェクト・マネージャ，変更管理委員会）が，いつ，何に対して変更
を行うことを承認したのか，などの情報を管理します．

　構成管理では，システムの機能と性能および信頼性などを維持するために，
システムを構成する仕様書や設計書などのドキュメント，開発ツール（コンパイ
ラなど），ハードウェア，ソフトウェアを管理します（**図4-4**）．

　出荷中または開発中のOS（**Operating System**）やアプリケーションソ
フトウェアなどのシステムやモジュールには，バージョン（Version）とリビ
ジョン（Revision）があります．システムとは，複数のモジュールが協調して
さまざまな機能を発揮するものであり，その組合せ（構成，関連）は厳重に管理
しておかなければなりません．間違った組合せだと正常に動作しません．また，
そのシステムやモジュールと対になっている仕様書や説明書，さらにそれらのモ
ジュールやシステムを生成するための開発ツールなども管理しておかなければ，
継続的な動作保証，開発や保守に支障がでます．

　バージョンは，「版」といった概念であり，新しい機能や，大幅な仕様変更な
どの大規模な変更を行う際に使われます．リビジョンは，「改訂」や「修正」と

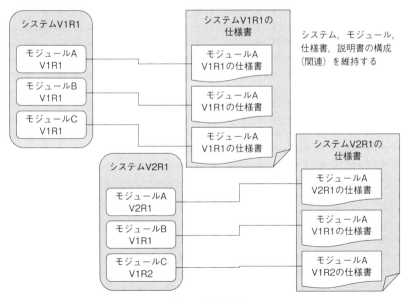

図4-4　構成管理

いった概念であり，元の機能などには変更を加えずに，不具合や改善点に対して修正を行ったりする場合に使われます．

Column

■やり始めたら，少々時間がかかっても最後までやっておく■

　プロジェクトマネジメントの心得として，「じっくり準備して万全の対応で実施する」という考え方と「気づいたとき，思いついたときにすぐに片付ける」という考え方があります．

　プロジェクトマネジメントの教科書的な言い方をすると，しっかり計画して計画に沿ってしっかり実行をマネジメントする」のが正解でしょう．

　しかし，たくさんのやることリストが山積すると「これは後で考えよう，これは後で実行しよう」となってしまいます．「途中までやったけどなかなか完了せず，来週やろう」という感じで，作業を後に延ばしてしまうと，来週になってから，いざやろうとしたときに「どこまで実行したのかわからない」となって，かえって時間がかかるのです．

　これは，CCPM（Critical Chain Project Management）の項で説明したマルチタスク（Multi-tasking）で，かえって時間がかかる結果になるという現象のことです．筆者自身は，「やり始めたら少々時間がかかっても最後までやる」ということを心掛けています．

　そうは言ってもこの場合，体力的見積りと時間的見積り，時間的余裕があることが前提です．

　何かに時間と体力を集中させることは，その時間帯は何かを捨てることになるので，注意が必要です．そのためには，日ごろから重要度の高い仕事，締切が迫っている仕事，を識別しながらスケジューリングする習慣をもつことが大切です．

第5章

ステークホルダー・マネジメント

　プロジェクトの成功にとって，ステークホルダー，特に重要な顧客の生産的（前向き）な関与を得ることは大切です．この知識エリアでは，大勢のステークホルダーの中からプロジェクトにとって重要な人物を抽出し，あるべきステークホルダーの態度に変革させるためのエンゲージメント戦略を立案し，プロジェクト活動の中で実践し，戦略通りに変革しているかを把握しながら，うまくいっていない場合には代替案分析や根本原因分析を行い，戦略実行をコントロールしていきます（**図 5-1**）．

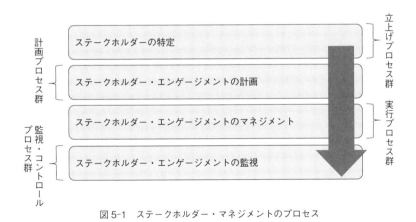

図5-1　ステークホルダー・マネジメントのプロセス

▌5.1　ステークホルダーの特定プロセス

　プロジェクトの成功に関わるステークホルダーは，大勢います．プロジェクト側の限られたリソース（ヒト，モノ，カネ，情報）を有効に活用するためには，まずステークホルダーを特定する（誰をステークホルダー・マネジメントの対象者にするかを決める）ことが重要です．

　そのためにまず，次の手順で**ステークホルダー分析**を行います．

5.1.1　ステークホルダーの特定

　関わりを持つ可能性のあるすべてのステークホルダーを特定（抽出）するとともに，その人の組織内での立場，プロジェクトにおける役割，その人の知識レベル，プロジェクトの成功に関する利害関係，プロジェクトの成果物に対する期待，日ごろからの姿勢・態度，プロジェクトに対する関心などそれぞれのステークホルダーに関するデータを収集します．直接的なデータ収集に加えて，過去のプロジェクト文書（その人物がステークホルダー登録簿にどのように書かれていたか），過去のプロジェクトから得られた教訓などの文書分析を行います．

5.1.2　ステークホルダーがもたらす影響の特定

　それぞれのステークホルダーがもたらすと思われる影響や支援を特定し，ステークホルダーと折衝する際の戦略を設定できるように，ステークホルダーの分類（否定的，不認識，中立，支持的，指導的など）を行います．ステークホルダーの分類を表現する方法としてグリッド表現（権力と関心度のグリッド，権力と関与度のグリッド，影響度と関与度のグリッドなど），ステークホルダー・キューブ，突出モデル（Salience model）があります（**図5-2**）．

　グリッド表現とは，方眼状に，例えば対象を2×2の4象限などに分け，それぞれの象限別に対処の方針などを示す技法です．

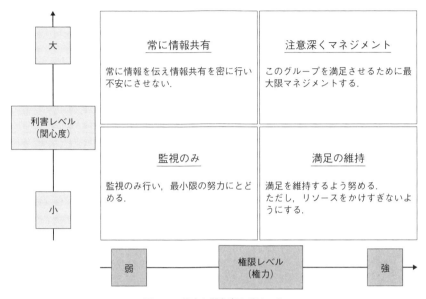

図5-2　権力と関心度のグリッド

5.1.3　ステークホルダーの反応分析，戦略立案

さまざまな状況に対して，そのステークホルダーがどう反応し，対応するかを分析・予測します．その目的はそのステークホルダーからプロジェクトに対する支援を増加させ，潜在的なマイナスの影響を緩和するために，ステークホルダーに働きかける方法を戦略としてまとめます．

5.1.4　ステークホルダー登録簿の作成

これらを**ステークホルダー登録簿**としてまとめます（**表5-1**）．なお，この登録簿は，プロジェクト内でのみ活用することとし「秘密厳守」とします．

5.2　ステークホルダー・エンゲージメントの計画プロセス

エンゲージメント（engagement）とは，「深いつながりをもった関係性」を示します．ステークホルダー・エンゲージメントとは，プロジェクトの意思決定と実行においてステークホルダーの生産的（前向き）な関与をうながすための

表 5-1　ステークホルダー登録簿の例

	氏名	山戸昭三
識別情報	所属組織での地位	顧客側 PMO
	所在地（勤務地）	顧客先（テニススクール）
	プロジェクトにおける役割	テニススクール向けレッスンコーチロー テーションシステム構築の顧客側 PMO
	連絡先情報	yamatoshoso@xxxx.yyy.ne.jp
評価情報	主な要求事項	開発状況を毎週初めに EVM で定量的に報 告してください.
	主な期待	顧客ニーズをしっかりとらえて要件定義に まとめてほしい
	プロジェクトに及ぼす可能性のある影響	要件定義と相違する実態を発見した場合に は緊急の呼出しをする．SPI または CPI が 0.8 以下の場合，対策会議を求める.
	利害関係が最大となるフェーズ	要件定義，外部設計，システムテスト，IT サービス利活用
分類	内部か外部か	どちらかといえば外部
	否定的〜指導的	指導的に近い
戦略	短期的戦略	要求事項，期待に沿って丁寧に対応する.
	長期的戦略	問題発生の場合には早めに相談する.

戦略を実行することです．ステークホルダー・エンゲージメントの計画とは，ス テークホルダーとプロジェクトに関して，より生産的（前向き）な関与をうなが すための戦略を立案することです.

　ステークホルダーの気持ちや認識の状態（ステークホルダーの態度）には，指 導的，支持的（支援的），中立的，不認識，否定的などがあります（**表5-2**）．ス テークホルダーの心理的状態は放置されると徐々に否定的な状態に遷移する傾向 にあります．プロジェクトの成功は，ステークホルダーの指導的対応や支持的対 応に依存する場合が多いのです．プロジェクトは，重要なステークホルダーの生 産的（前向き）な関与をうながすための適切なステークホルダー・エンゲージメ ント戦略を立案して実行することが重要です.

　それぞれのステークホルダーの態度を，プロジェクトとしてどのように遷移さ せていくかを図表化したものが，ステークホルダー関与度評価マトリックスです （**表5-3**）.

表5-2　ステークホルダーの態度

ステークホルダー態度	ステークホルダーの気持ちや認識の状態
指導的	プロジェクトの成功を望んでおり，積極的に取り組み，取りまとめてくれる
支持的（支援的）	プロジェクトに賛成し，好意的である
中立	プロジェクトを認識しているが，支持でも不支持でもない
不認識	プロジェクトの存在を知らず，プロジェクトの状況がよくわかっていない
否定的（抵抗）	プロジェクトに反対で，敵意を持っている

表5-3　ステークホルダー関与度評価マトリックス

ステークホルダー	抵抗的	不認識	中立的	支持的	指導的
S1	現状（4/14）			⇒目標（5/20）	
S2			現状（4/14）		⇒目標（6/30）
S3				現状（4/14）目標（5/3）	
S4		現状（4/14）⇒	目標（5/20）		

5.3　ステークホルダー・エンゲージメントのマネジメントプロセス

　ステークホルダー・エンゲージのマネジメントは，ステークホルダーのニーズや期待に応え，課題に対処し，ステークホルダーの適切な関与をうながすためにステークホルダーとコミュニケーションをとり，協働する活動です．ステークホルダー登録簿やステークホルダー関与度評価マトリックスのシナリオに従って，重要なステークホルダーを生産的（前向き）な関与をうながし，プロジェクトに積極的に取り組んでいただけるように活動していくことです．ここでも人間関係とチームに関するスキル（積極的傾聴，ファシリテーション，リーダーシップ，ネットワーキング，政治的な認識など）が重要となってきます．経験的に，プロジェクト・マネージャにとって顧客との関係性維持は極めて大切な対応能力です．顧客とプロジェクトは運命共同体であり，利害関係にあります．この状況において一方的な主張は厳禁です．協力し合って，プロジェクトを成功に導くことに焦点を合わせることです．本来ならば，主導権を持っている顧客側が適切なリーダーシップを発揮して，プロジェクト側と合意して成功に導こうとする姿勢

が大切です．顧客があまりに顧客意識に立ち過ぎて無理難題を押し付けるとプロジェクトの失敗リスクが高くなります．顧客とプロジェクト側は緊張感を持ちつつも，関係性の維持が重要です．プロジェクト側も顧客を操ろうとしてはいけません．プロジェクト活動において信頼関係の構築が最も大切なことなのです．

5.4　ステークホルダー・エンゲージメントの監視プロセス

　ステークホルダー・エンゲージメントの監視は，エンゲージメント戦略と計画の改訂を通してステークホルダーとの関係状態をモニタリングし，ステークホルダーの生産的（前向き）な関与のために戦略をテーラリングする活動です．テーラリングとは，ベースとする標準などをもとに，状況に合わせて，より具体的な標準をつくっていくことです．

　ステークホルダーの関与と効果を見ながら，対応の仕方を改善していきます．当該ステークホルダーの関与度評価マトリックスが戦略通りに向上しているかを把握しながら，代替案分析や根本原因分析を行い，エンゲージメント状態をコントロールしていくことが必要です．

　ステークホルダー・マネジメントを有効に機能させるためには，日頃から重要なステークホルダーの挙動に関心を持ち，プロジェクトと良好な関係を維持していただけるよう気配りを行い，その人が求めているものに気づき，プロアクティブに関与することが大切です．

スコープ・マネジメント

　スコープとは，プロジェクトが提供する「成果物」およびそれを創出するために必要な「作業」を指します．すなわち，「プロジェクトの責任範囲」のことです．プロジェクトは，価値実現システムの一つの構成要素です．誰かにとっての「価値」は，プロダクトやサービスの形でつくり出されますが，このプロダクトやサービスの範囲のことです．スコープ・マネジメントの知識エリアが取り扱う内容は，「プロジェクトの責任範囲」「責任の所在」「役割分担」「成果物の構成要素」です．

　スコープ・マネジメントとは，プロジェクトの進行に合わせて対象とするスコープを明確にし，対象とする成果物の要素分解を行い，要求事項の観点で妥当なものかを確認し，コントロールしていくプロセス（活動・手順）をまとめた知識エリアです（**図 6-1**）．

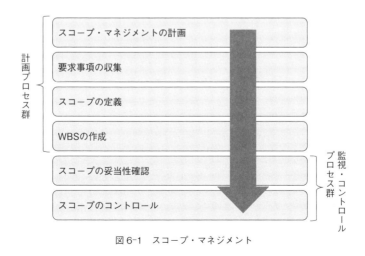

図 6-1　スコープ・マネジメント

　スコープには，プロダクト・スコープとプロジェクト・スコープという視点があります．

（1）プロダクト・スコープ

　成果物やその構成要素に関するもの，すなわち，このプロジェクトでは，どのような成果物を作成するか，という視点（What to make）です．この視点では，完成品とはどのようなものかと，その成果物が何によってつくられるのかという視点があって，これを**プロダクト・スコープ**といいます．

（2）プロジェクト・スコープ

　どうやってその成果物をつくるのか，どのような作業があるか，という視点（How to make）です．「作業」は，成果物を完成させるために必要な作業のすべてです．成果物の創出に直接関係する作業のみならず，計画，設計，調達，進捗確認，会議，報告書作成などプロジェクトマネジメントに関する作業を含みます．これを**プロジェクト・スコープ**といいます．

　プロダクト・スコープについて記述した文書をプロダクト・スコープ記述書

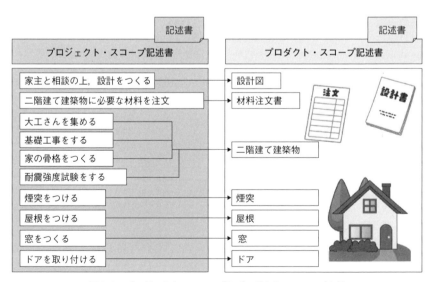

図 6-2　プロジェクト・スコープとプロダクト・スコープの例

といい，プロダクト・スコープを創出するための作業，その前提条件や制約条件などを記述した文書のことをプロジェクト・スコープ記述書といいます（図6-2）.

6.1　スコープ・マネジメントの計画プロセス

　スコープ・マネジメントの計画プロセスでは，スコープ・マネジメント計画書と要求事項マネジメント計画書を作成します.

　スコープ・マネジメント計画書は，スコープの定義，作成，監視，コントロール，妥当性確認の方法を記述したものです（図6-3）.

（1）　プロジェクト・スコープ記述書を準備する方法
　何をつくるかが書かれているプロダクト・スコープ記述書をもとに，そのプロダクトをつくるための前提条件，制約条件，作成方法を調査，検討します.

（2）　プロジェクト・スコープ記述書からWBSを作成する方法
　プロジェクト・スコープ記述書をもとにして，より詳細なWBS（Work Breakdown Structure）を作成する方法を記述します.

（3）　スコープ・ベースラインを承認し維持する手順
　「何を」の部分を規定したものを**スコープ・ベースライン**といいますが，組織として誰がそのスコープ・ベースラインを作成し，誰が承認したのか，誰が維持メンテナンスするのかなどの承認手順（組織のガバナンス）を記述します.

（4）　完成したプロジェクト成果物の公式な受け入れを規定する手順
　構想であったスコープ・ベースラインが，現実のプロジェクト成果物としてつくり上げられたときに，誰が検査し，承認し，受け入れるのか，といった手順を記述します.

　要求事項マネジメント計画書は，プロジェクトおよびプロダクトへの要求事項の分析やその文書化，マネジメントの方法などを記述したものです.

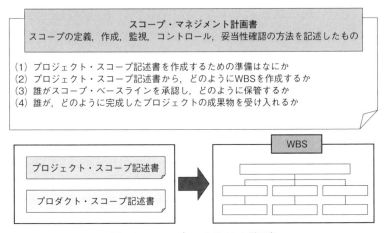

図6-3　スコープ・マネジメント計画書

　プロジェクト要求事項とは，ビジネス要求事項（ビジネスの局面のどのような場面でどのように使用されるなど），プロジェクトマネジメント要求事項（週単位で報告してほしい，どのようにプロジェクトマネジメントされるべきかなど），納入要求事項（納入時にどのように梱包してほしい，いつ頃どこに持ってきてほしいなど），要求事項の優先順位付けの手順，トレーサビリティ構造（どの要求事項がどのように反映されているかといった要求の追跡方法）などの要求のことです.

　プロダクト要求事項とは，成果物への要求であり，技術的要求，セキュリティに関する要求，性能への要求（新規性，信頼性など），プロダクトの評価基準およびそれを使用する理由など，さまざまな要求のことです.

6.2　要求事項の収集プロセス

　要求事項の収集とは，プロジェクト目標を達成するためにステークホルダーのニーズや要求事項を確認し，文書化し，マネジメント（保管，維持，メンテナンス）するための情報を集めることです.つまり，要求事項に関する文書（要求事項文書）をどのように作成し，それらの要求事項がどのように実現されているのか，どのような状態なのか，などを**要求事項トレーサビリティ・マトリックス**

要求案件	発案者	実施者	要求分析	要件確認	調達（変更）実施	設置
リビングにエアコンを取り付ける	母さん	父さん	リビングに必要なエアコンの能力を調べる	ネットでエアコンの性能を調べ購入先を決定する	代金の支払いと設置日を業者と調整する ➡	業者が設置、父さんが動作確認
顧客からの変更要求	顧客	プロジェクトメンバー	顧客からの変更要求 ➡	変更要求審査と変更要件の確認	変更実施予定日と手順の確認	システムへ変更実施と動作確認
料理の注文	顧客	料理屋	ランチの注文	注文の確認 ➡	調理	配膳と確認

➡ 矢印は要求案件の現在の進捗位置を示しています。

図 6-4　要求事項トレーサビリティ・マトリックスの例

で継続的にフォローする手順です.

　要求事項トレーサビリティ・マトリックスとは，プロダクトの要求事項の発生元と，その要求事項を満足させる成果物の結びつきの関連を示したもので，要求した事項が最後まで確実に実現されているかをトレースできるようにしたものです（図 6-4）. つまり，トレーサビリティを維持する仕組みとして，上位要件から下位要件への追跡可能性を表形式で整理したものです.

　要求事項文書とは，要求事項をステークホルダーや優先順位により分類列挙し，要旨をまとめ，詳細に記述したものです. 要求事項は，段階的に詳細化され分類されるものであり，その受け皿として次のような文書が必要になります（図 6-5）.

　要求事項の収集方法については，フォーカスグループ，ベンチマーキングなどがあります.

　フォーカスグループ（Focus group）とは，定性的研究の一種であり，ある製品，サービス，コンセプト，宣伝，アイデア，パッケージなどについて，ステークホルダーや当該分野の専門家を一堂に集めて，その集団に質問する手法です. マーケティングリサーチでよく利用される技法です. 対話形式で自由に発言してもらい，アイデアを収集します.

　ベンチマーキング（Benchmarking）とは，自社の製品開発，事業改革，業務プロセスなどについて，他社の優れた事例を調査し，比較，分析し，改善すべきポイントを見いだす技法です.

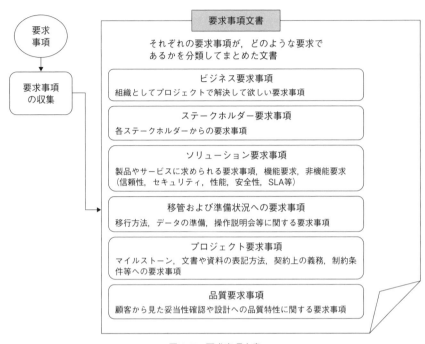

図6-5　要求事項文書

　要求事項の表現方法については，親和図法，マインドマップ図法などが利用されることもあります．親和図法とは，新QC7つ道具の一つです．

　親和図法は，関連性のない情報，イメージなどが散在して混沌としている状態において，この状態から問題を明確にしてゆく技法です（**図6-6**）．テーマについて，事実，意見，発想などの情報を集め，言語データにしてカードに書き出していきます．そしてカード間の類似性をもとに親和カードにまとめていき，統合した図をつくりあげ，出来上がった図を読み取ることで，問題を明らかにする技法です．

　マインドマップ図法とは，中心となるキーワードから発想される複数のキーワードを連鎖させて思考の可視化をする技法です．一つの情報が別の情報と関連付けられ，またその情報が別の情報へと展開していくという流れを指し，思考を中心の情報から放射状に広げていくことで，全体と部分を理解しようとする技法です（**図6-7**）．

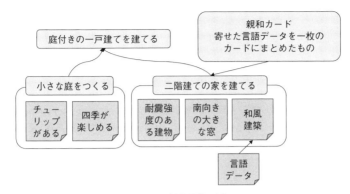

図6-6　親和図法の例

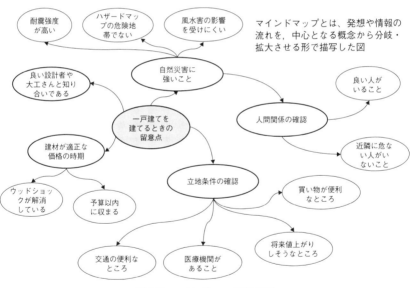

図6-7　マインドマップ図法の例

6.3 スコープの定義プロセス

スコープの定義では，プロジェクトおよびプロダクトに関する記述書を作成します．要求事項収集で集めた要求事項のすべてをプロジェクトの責任範囲にするとは限りません．よって，スコープの定義プロセスでは，要求事項文書から最終的なプロジェクトへの要求事項として確定し，プロダクト・スコープ記述書やプロジェクト・スコープ記述書として作成します．

このプロセスのツールと技法の中で，重要なものに，プロダクト分析があります．

プロダクト分析は，プロダクトおよびサービスを定義するときに行います．そのプロダクトやサービスは，どのような使用性を期待し，どのような特性を持ち，どのようなものを作成するのか，などの観点で分析，表現します．

プロダクト分析には，次のような技法があります．

① **プロダクト・ブレークダウン**

開発・作成しようとするものを全体（最終製品）と部分（半製品，部品）の関係によって階層的に示した製品構成図（PBS：Product Breakdown Structure）のことです．

プロダクトを生成するために，技術者がどのような手順で仕事を進めるかということをまとめたものを技術構成図（EBS：Engineering Breakdown Structure）といいます．PBS がプロダクト・スコープ記述書の原型であり，それに EBS を追加したものがプロジェクト・スコープ記述書の原型といえます（図 6-8）．

② **要求事項分析**

顧客からの要求を聞き，要求内容を図表などの形式でまとめ，段階的に詳細化して分析し，仕様書に落とし込むことです．

③ **システム分析**

ある業務のシステムを開発する前に，その業務の現状や問題点などを洗い出す作業のことです．

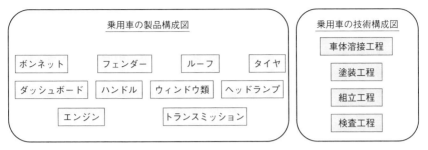

図6-8　PBS と EBS

④　**システムズ・エンジニアリング**（Systems Engineering）

　システムの実現を成功させることができる，複数の専門分野にまたがるアプローチおよび手段のことです．別の言い方をすれば，大規模・複雑なシステムを実現するための体系的な考えともいえます．

⑤　**価値分析**（Value Analysis）

　必要な機能を最低限のコストで獲得するために，その機能とコストのバランスを研究して，設計や材料の仕様の変更，製造方法の変更，供給先の変更などの社内外の知識を統合して組織的に永続的に行う活動のことです．価値あるものを適正なコストで効果的，効率的に想像するための組織的なプロセスといえます．

⑥　**価値工学**（Value Engineering）

　製品やサービスなどの価値（投資コストあたりの機能，性能，満足度など）を最大化する体系的な技法です．

┃6.4　WBS の作成プロセス

　WBS（Work Breakdown Structure）とは，プロジェクト目標を達成し必要な成果物を生成するために，プロジェクトが実施するすべての作業を階層的に要素分解したものです．WBSは，プロジェクトが責任を持って完成させなければならないスコープ全体を系統的に表現したものであり，プロジェクト・スコープ記述書に記述されている成果物や作業を表示します．

　要素分解とは，成果物をその構成要素の大きなくくりから細分化してさらに

小さい要素に分けることや，仕事を時間の流れに応じて工程ごとやさらにその工程の中の作業順序に分けることです．

　要素分解されたものを**要素成果物**（Deliverables）といいます．要素成果物とは，プロジェクトの各工程が完了した段階で得られる生成物のことであり，システム開発の場合は，要件定義書，仕様書，設計書，テスト計画書，コンピュータプログラムのソースコード，操作マニュアルなどです．

　WBSの最も低いレベルにある要素成果物のことを，**ワーク・パッケージ**（Work Package）といいます（**図6-9**）．

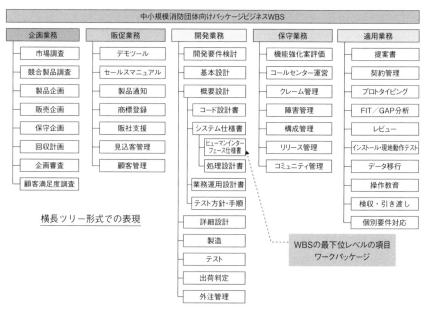

図 6-9　WBS とワーク・パッケージ

　ワーク・パッケージには，WBSコードが割り振られており，WBS辞書が連結されています（**図6-10**）．WBSコードとは，階層化された各WBSの要素に付与される一意の識別子のことです．これにより，ワーク・パッケージと要素成果物や作業およびコストを連動させています．すなわち，**WBS辞書**（WBS Dictionary）は，ワーク・パッケージに関する説明書のようなものです．WBSとワーク・パッケージは，図解でその全体像と位置づけを示し，WBS辞書は，

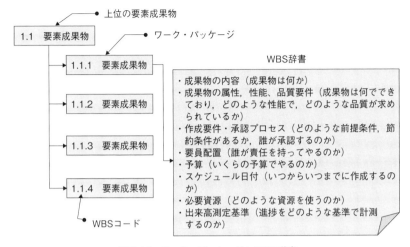

図 6-10　ワーク・パッケージと WBS 辞書

具体的な中身を示しているといえます.

　WBS の活用方法は, 次のようなものがあります.

　● プロジェクト・メンバーに役割と責任を与える

　ワーク・パッケージごとに, 誰が責任を持ってつくるのかを決めることができます.

　● プロジェクトに必要な資源とコストを見積もる

　ワーク・パッケージ作成のための資源（人・モノ）とコストを見積もります.

　● 作業（アクティビティ）を定義し, スケジュールを計画する

　ワーク・パッケージをつくるためのアクティビティを定義し, その作業順序と作業期間とを見積もってプロジェクトスケジュールをつくります.

　● プロジェクトのリスクを識別する

　プロジェクトの目的を達成するため, リスクを見つけ, その対策を立てるために活用します.

　● 成果物の構成管理をする

　何を構成管理しなければならないかを決める際に活用できます.

　● 進捗管理を行う

　これをもとにして, 計画出来高と実績出来高, 実績コストを収集し, さまざ

まな評価指標を使って報告することができます.

　プロジェクトには,段階的詳細化という特徴があります.例えば,一戸建ての家を建てようとするときに,最初は,「二階建ての南向きの家で庭と駐車場がある」という構想(計画)で始まります.ある程度,構想(計画)が進むと「庭には,花壇にチューリップを植えて,砂利と枕木でワクワクするような小道をつくる」といったように,徐々に構想(計画)が広がってきます.これが段階的詳細化といわれるものです.この特徴を反映するための技法が**ローリング・ウェーブ計画法**(Rolling Wave Planning)といわれる反復計画技法です(**図6-11**).プロジェクトのスコープは,WBSで表現します.WBSの最上位が「一戸建て」プロジェクトの場合,要素成果物で「庭」としていたものは,構想(計画)が深耕するにしたがって「花壇」「小道」のように枝分かれして描画されます.

　WBSの作成プロセスがつくりだすもの(Outputs)には,スコープ・ベースラインがあります.

　スコープ・ベースラインとは,スコープ記述書,WBS,およびWBS辞書を組み合わせて承認されたもので,スコープを定義する要素全体の概念,総体のことです.

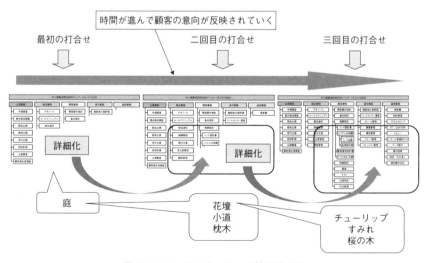

図6-11　ローリング・ウェーブ計画法の例

6.5　スコープの妥当性確認プロセス

　スコープの妥当性確認とは，完成したプロジェクトの成果物を正式に受け入れることです．すなわち，成果物が要求通りのものであることをプロジェクトが公式に認める（コミットする）ことです．

　妥当性確認（Validation）とは，客観的証拠を提示することによって，特定の意図された用途または適用に関する要求事項が満たされていることを確認することです．最終製品またはサービスが，実際に顧客のニーズを満足させる能力を備えているか，または実際に顧客ニーズ・期待に合致しているかどうかを確認することです．

　成果物が完了しているが，正式に受け入れられないものが発生する場合には，受け入れられない理由をつけて文書化されます．これらの成果物の欠陥修正をするためには，変更要求が必要になります．変更要求は，統合変更管理プロセスを経て必要なレビューと処理が行われます．

6.6　スコープのコントロールプロセス

　スコープのコントロールプロセスとは，プロジェクト・スコープとプロダクト・スコープの状況を見ながらスコープ・ベースラインをマネジメントすることです．プロジェクトで責任をもって作成するプロダクトは何か，現時点でどこまでできているか，未完成のものや受け入れられていない成果物は何か，といったことがいつでも把握できる仕組みをつくり，機能させることが重要です．

　実際のプロジェクトで，最もリスクが顕在化するのは，発注側の描くスコープと受注側の描いているスコープの違いが表面化する場面です．プロダクト・スコープの表面的な合意，例えば「二階建ての家」といってもさまざまな属性があります．屋根はどのような素材か，庭の方角はどちら向きか，耐震強度はいくらまでか，このような属性について発注側，受注側，双方が「自分の期待値に合致した二階建ての家」を想定します．また，プロジェクト・スコープ，すなわちつくり方・手順・報告方法についても両者は，各々自らで想定した「常識」を相手

に期待します．「大工がてきぱきと働いていない」「仕掛の資材を野ざらしにしている」「進捗報告が定量的でない」など，不平不満がでてきます．システム開発においても同様に「期待値の相違」が顕在化してきます．

　スコープのコントロールプロセスの前に，両者の相違があることを前提に，より多くの観点で合意が必要です．また，このプロセスに入ってからも，早い段階で両者の期待値の整合を取ることを継続的に行うことが必要です．

Column

■仕事の目的や範囲は，自分に都合よく解釈してしまう■

　いっしょに仕事をしているつもりでも，違った目的や意図があることに気づくことはありませんか．友人どうしでも悪意はないのですが，いっしょに行動していても目指しているゴールが違うことに気づくことがあります．

　人生の目標や考えていることが違うのですから，当たり前といえば当たり前のことです．

　しかし，厳密に考えれば，ある出来事に参加する場合や仕事に対する期待は，目標も違えば，達成のレベル感も違います．

　友達に誘われて，ある会合に参加する場合やある人物に会いに行く場合も，その目的や目標達成のレベル感は違います．

　「ある行動を一緒にしませんか」と誘われた場合，その人の目的と目標達成水準を口に出して確かめて，自分がその人に会う目的と達成水準に合致するならば同行したほうがよいでしょう．自分の期待値だけで行動すると無駄な時間を過ごすことになるかもしれません．

第 7 章

スケジュール・マネジメント

　スケジュールは，プロジェクト・マネージャにとって，最も気になるものです．「予定が遅れている」「作業時間はどのくらいかかるのか」など，ステークホルダーの関心事やプロジェクト会議のテーマは，スケジュールに関する話題がかなり多いです．

　その前提として，どのようなスケジュール・モデルでスケジュールを検討していくかを決めておくことが必要です．

　スケジュール・モデルとは，プロジェクトのアクティビティ（作業）を時間軸の中で，どのように配置するか，そのアクティビティの所要時間をどのように見積もるか，依存関係をどのように考えるか，といったプロジェクトのスケジュールを計画する上で想定するモデル（方法論や方法論に基づいたツール）のことです．スケジュール・モデルには，スケジューリング方法論とスケジューリング・ツールがあります．

7.1　スケジュール・モデル

スケジューリング方法論には，PERT，CPM，CCPM などがあります．

7.1.1　PERT（Program Evaluation and Review Technique）

　PERT は，確率的に作業時間の見積りを算出し，その時間の短縮を図る技法です．楽観値，最頻値，悲観値という三つ見積値から作業時間の期待値，標準偏差を算定します（**図 7-1**）．

　作業時間の**期待値**（μ と書きます）は，その作業の最も可能性の高い所要時間のことであり，作業時間の**標準偏差**（σ と書きます）は，期待値との「ぶれ幅」

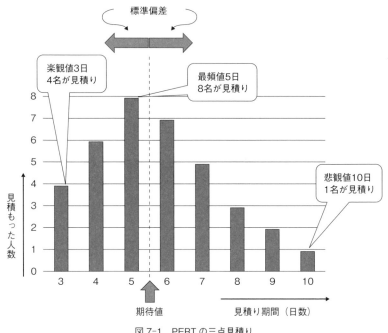

図 7-1　PERT の三点見積り

のことです.

　三点見積りのメリットとしては，次のような点があげられます.

　・参加者の多いプロジェクトでも納得度の高い見積りができる

　・最頻値だけを使った見積りより，状況に応じた見積りができる

　・信頼係数に応じた信頼区間を設定することができる

　具体的な例で PERT の三点見積りの手順を示します.

手順 1. メンバーの見積値を収集する

　プロジェクト・メンバーの数人で，ある作業の所要期間を見積もります.「その作業は 3 日間（楽観値）でできると見積もった人が 4 名」「その作業は 5 日間（最頻値）かかると見積もった人が 8 名」「その作業は 10 日間（悲観値）もかかると見積もった人が 1 名」であったとします.

手順 2. 作業時間の期待値と標準偏差を求める

次の計算式でその作業の期待値と標準偏差を求めます．

$$期待値\,\mu = \frac{楽観値+4\times最頻値+悲観値}{6} = \frac{3+4\times5+10}{6} = 5.50$$

$$標準偏差\,\sigma = \frac{悲観値-楽観値}{6} = \frac{10-3}{6} = 1.17$$

大雑把な求め方ですが，現実のプロジェクトでは，それほどの厳密さは必要ありませんのでこれで十分使えます．

手順 3. 作業時間の信頼区間を求める

統計学の 1 シグマ 2 シグマ 3 シグマの法則によれば，±2σの範囲には，95.4％の確率で含まれます（**図 7-2**）．1 シグマ 2 シグマ 3 シグマの法則とは，正規分布において，期待値を中心とした標準偏差の 2 倍，4 倍，6 倍の幅に入るデータの割合で，それぞれ 68.3％，95.4％，99.7％です．

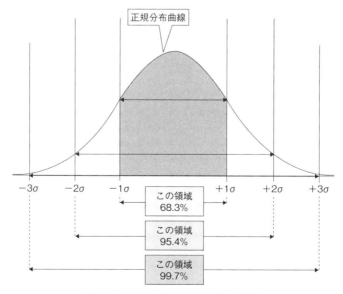

図 7-2　1 シグマ 2 シグマ 3 シグマの法則

したがって，信頼係数を95.4%とした場合には，この作業時間の信頼区間は，

（下限＝5.50−2×1.17＝3.16，上限＝5.50＋2×1.17＝7.84）となり，この作業は，3.16日から7.84日の間に完了すると予測できます．

7.1.2 CPM（Critical Path Method）

CPM には，2つの活用方法があります．

一つ目は，クリティカルパス（プロジェクトを進めていくうえでスケジュールに影響がでる作業経路のこと）を見つけ，プロジェクト期間を把握することです．すなわち，プロジェクト完了までにかかる最長の経路を計算し，各作業をスケジュールした場合の開始時期と終了時期を求めることです．

二つ目は，投資費用と期間短縮の関係性を求めることです．プロジェクトの作業期間を短縮するためには，費用をかけて対策を講じることがありますが，この費用と期間短縮の関係性を見つけ出すことです．

CPM 一つ目の活用方法（クリティカルパスを見つけ，プロジェクトの所要日数を求めること）について，具体例を使って説明します．

手順1. プロジェクト内作業のつながりを図示する

プロジェクト内作業のつながりを次のように図示します（**図7-3**）．

手順2. CPM の準備をする

それぞれの作業の，左上に最早開始日（ES：Early Start），右上に左上に最早終了日（EF：Early Finish），左下に最遅開始日（LS：Late Start），右上に左上に最遅終了日（LF：Late Finish）の枠を書きます（**図7-4**）．

手順3. フォワードパスで最早開始日と最早終了日を決める

フォワードパスとは，プロジェクトを完了するために最も早く作業を始めることを前提として，それぞれの作業の開始日と終了日を決定し，最早開始日と最早終了日の枠の中に日付を記載します．

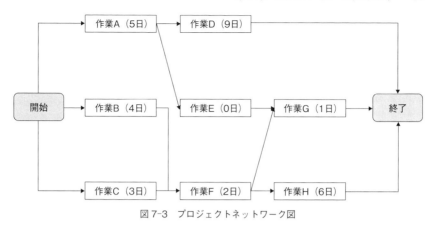

図 7-3　プロジェクトネットワーク図

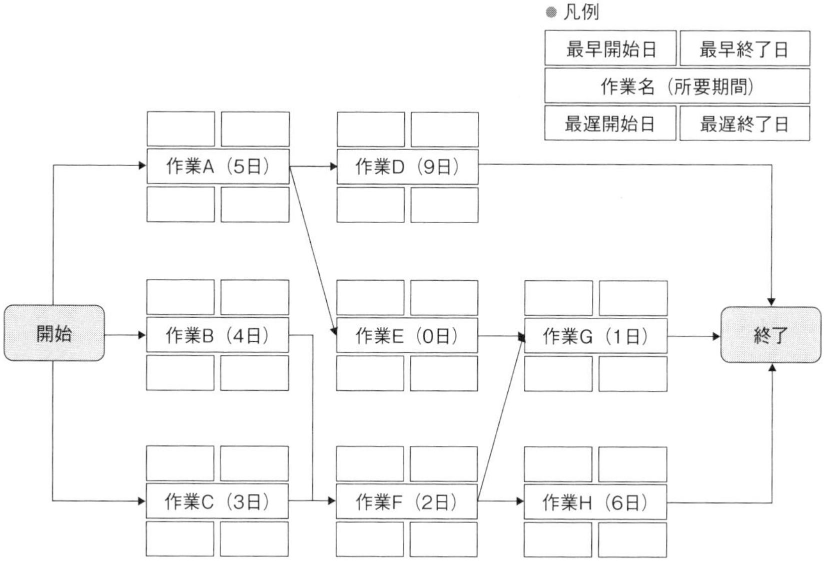

図 7-4　CPM の準備

・作業 A は 1 日目から 5 日目まで，作業 B は 1 日目から 4 日目まで，作業 C は 1 日目から 3 日目まで作業を行い，それらの作業に続く作業 D は 6 日目から 14 日目まで，作業 E は作業日数が 0 日なので作業 A の終了日に完了するので 5 日目から 5 日目までとなる.

・このような作業日数が 0 日の作業は，例えば上司の承認を得るといった作

業になる. 作業Fは, 作業Bと作業Cの遅いほうの翌日からの作業となり, 5日目から6日目まで作業を行う.

- 作業Gは, 作業Eと作業Fの完了日の遅いほうの翌日からの作業となり, 7日目の1日が使われる.
- 作業Hは, 7日目から12日目まで作業を行う.
- これによって, 最も遅くまで続く作業は作業Dの14日目であり, プロジェクトの所要日数は14日間であることがわかる.

手順4. バックワードパスで最遅開始日と最遅終了日を決める

　バックワードパスとは, プロジェクトの完了日から最も遅く作業を始めることを前提として, それぞれの作業の開始日と終了日を, 最遅開始日と最遅終了日の枠の中に日付を入れていく方法です.

- 作業Dは, 14日目に作業を完了させるためには6日目から作業を開始し, 作業Gは, 14日目の1日で作業を行う.
- 作業Hは, 9日目から14日目に作業を実施する.
- 作業Eは, 所要日数0日なので作業Gの実施日に作業を行えばよいので14日目に実施する.
- 作業Fは, 作業Gと作業Hの開始1日前に完了しなければならないので, 7日目から8日目に作業を行う.
- 同様にして, 作業Aは1日目から5日目に, 作業Bは3日目から6日目に, 作業Cは4日目から6日目に作業を行うことになる.
- すべての枠の中に日付を入れてみると最早開始日と最遅開始日が同じで最早終了日と最遅終了日が同じになる作業がある (**図7-5**).
- この作業のつながり（経路）の中にある作業が遅れるとプロジェクト全体の期間が伸びて（遅れて）しまう. このようにプロジェクトを進めていく上で, スケジュールに影響が出る作業経路のことを**クリティカルパス**という.
- このプロジェクトでは, 開始－作業A－作業D－終了がクリティカルパス. クリティカルパス上の作業は, 少しでも遅延すると全体のスケジュールが遅延する.

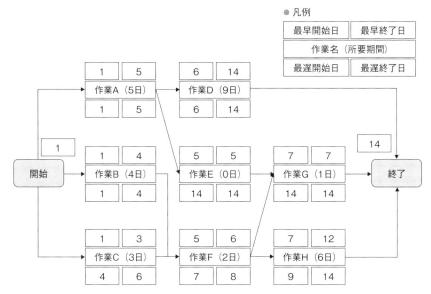

図7-5　最早開始日，最早終了日，最遅開始日，最遅終了日を記入

・プロジェクト・マネージャは，スケジュールの遅延が発生しないように，ク
　リティカルパス上の作業を注視しなければならない．

・クリティカルパスは，プロジェクトネットワークに必ず一つ存在する．

・仮に，作業Dの作業期間を9日間から6日間に短縮できたとするとクリティ
　カルパスは，開始－作業B－作業F－作業H－終了になり，プロジェクト
　期間は12日間になる．

　CPM二つ目の活用方法（投資費用と時間短縮の関係性を見つけること）につ
いて説明します．これを，最適資源配分といいます．

　資源（ヒト，モノ，カネ）とプロジェクトの完了時間には，トレードオフの
関係があります．原理的には，ヒトを投入すれば，プロジェクトは短縮化するこ
とができます．ただし，現実的には，プロジェクトではヒトを大人数投入しても
プロジェクトの進め方，仕様の理解や打合せ，コミュニケーションなどのオーバ
ヘッドがかかり，どこかに限界点があります．チームメンバを教育し順調に仕事
ができる状態にしたところが，基準点（normal point）です．

　作業時間を短縮しなければならない場合に，追加費用をかけて新しくヒトを

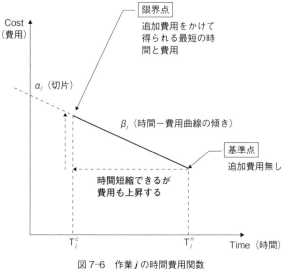

図 7-6　作業 j の時間費用関数

投入して短縮を試みますが，どれほど費用を投入しても作業期間の短縮できない限界点（crash point）があります（**図 7-6**）．

　この費用投資とプロジェクト期間短縮がどこまで実現できるかについて，シミュレーションする方法が CPM の活用法の一つです．

　事例を参考にしながら，CPM の手順を説明します．次のような時間短縮前のプロジェクトネットワークがあるとします（**図 7-7**）．このプロジェクトの完了時間は 27 時間です．

　プロジェクトネットワークは，作業と作業の連鎖を図示したものです．①，②のことをノード，ノードとノードを結ぶ → のことをパスといいます．プロジェクトにおける作業をパスで表現します．ノードを節，パスを枝ともいいます．

　それぞれのパスに書かれている数値は，現在時間，限界時間，余裕時間，短縮費用です．

　現在時間とは，現時点におけるパス上の作業の見積り作業時間のことです．

　限界時間とは，時間短縮のために費用をかけてもこれ以上は時間を短縮できない限界の時間のことです．

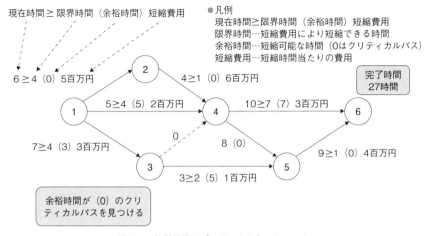

図 7-7　初期状態のプロジェクトネットワーク
(所要時間 27 時間)

　余裕時間とは, ネットワークの状況から短縮できる余裕の時間です. クリティカルパス上にある場合には, 余裕時間は 0 になります.

　短縮費用とは, そのパスにおける作業時間を単位時間短縮するための金額のことです.

　単位時間とは, 日単位, 時間単位, などのことですが, この事例の場合は, 1 時間になります.

　たとえば, 図 7-7 の左上のパスに書かれている「6≧4(0) 5 百万円」とは,「この①から②へのパスの作業時間は現在 6 時間ですが, 4 時間まで短縮できます. ノード①からノード②を経由してノード④への作業時間は, 最も大きく 10 時間かかり, クリティカルパスです. すなわち, ①から②へのパスの余裕時間は (0) です. ①から②へのパスの作業時間を 1 時間短縮するためには, 5 百万円必要です」という意味になります.

●　**時間短縮の手順 1.**　クリティカルパスの中から最も短縮費用の安い作業を
　　見つけます.
　プロジェクトネットワークの中には, 必ずクリティカルパスが存在します. そのクリティカルパスの中の作業のうち, 最も短縮費用が安い (小さい) 作業を

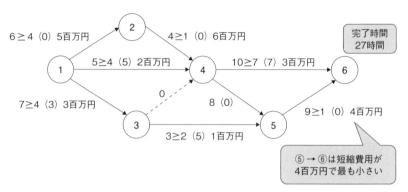

図 7-8　手順 1 実施後のプロジェクトネットワーク
（所要時間 27 時間）

見つけて短縮します．この事例では，⑤→⑥の短縮費用が 4 百万円で最も小さ
いとわかります（**図 7-8**）．

● **時間短縮の手順 2.** その作業の時間をどこまで短縮できるかを決定します．

⑤→⑥の短縮時間を決めるために，その作業が関連する④→⑥と④→⑤→
⑥の作業時間を比較します．④→⑥は，10 時間，④→⑤→⑥は，17 時間か
かっています．④→⑤は，余裕時間がないので，⑤→⑥の現在時間 9 を 2 まで
下げられることがわかります．合計の短縮費用は（9-2）×4 百万円＝28 百万円

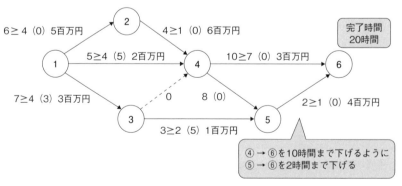

図 7-9　手順 2 実施後のプロジェクトネットワーク
（所要時間 20 時間）

でプロジェクト所要時間が 7 時間短縮され 20 時間となります．同時に，④ →
⑥の作業も余裕時間は 0 であり，クリティカルパスになります（**図 7-9**）．

● **時間短縮の手順 3.**　次のクリティカルパスの中から最も短縮費用の安い作
　業区間（複数の作業を短縮させる区間）を見つけます．

　クリティカルパスの作業のうち，費用勾配が小さい作業を短縮する⑤ → ⑥と
④ → ⑥の短縮費用の合計（3 百万円＋ 4 百万円＝ 7 百万円）よりも，① → ②の
短縮費用 5 百万円が小さいので，① → ②の限界時間 4 時間まで 2 時間短縮し，
限界時間 4 時間となりクリティカルパスとなります．この追加費用は 5 百万円
× 2 ＝ 10 百万円です（**図 7-10**）．

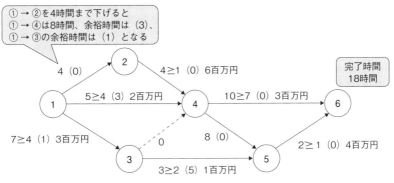

図 7-10　手順 3 実施後のプロジェクトネットワーク
（所要時間 18 時間）

● **時間短縮の手順 4.**　さらにクリティカルパスの中から短縮できる作業を探
　します．

　クリティカルパスの中から作業時間を削減できる候補は，② → ④，④ →
⑥，⑤ → ⑥があります．② → ④は単独で削減費用は 6 百万円であり，④ →
⑥，⑤ → ⑥は，同時に削減することによって時間短縮できますがその削減費用
は 3 百万円＋ 4 百万円＝ 7 百万円となります．これにより，削減費用の少ない②
→ ④の時間短縮を考えます．短縮できる限界時間は，① → ③の 7 時間までで
あり，① → ② → ④で 4 ＋ 4 ＝ 8 時間なので② → ④の短縮時間は 1 時間までとな
ります（**図 7-11**）．

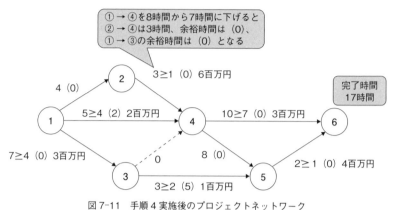

図7-11　手順4実施後のプロジェクトネットワーク
（所要時間17時間）

● **時間短縮の手順5.** さらにクリティカルパスの中から短縮できる作業の組合せを探します.

クリティカルパスの作業のうち，削減費用が小さい作業の組合せで時間短縮することを考えます.（①→③の削減費用3百万円)＋(②→④の削減費用6百万円）＝削減費用9百万円よりも（④→⑥の削減費用3百万円)＋(⑤→⑥の削減費用4百万円）＝削減費用7百万円が少ない費用で削減効果があり，作業④→⑥と作業⑤→⑥をそれぞれ1時間短縮します．追加費用は（3百万円＋4百万円)×1＝7百万円となります **(図7-12)**.

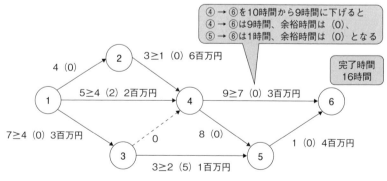

図7-12　手順5実施後のプロジェクトネットワーク
（所要時間16時間）

● **時間短縮の手順6.** さらにクリティカルパスの中から短縮できる作業の組
　合せを探します.

　クリティカルパスの作業のうち, 削減費用が作業の組合せの小さい区間を短
縮します. ① → ④の所要時間は, どんなに短縮しても① → ② → ④の限界時間
は, 5時間です. したがって, ① → ③と② → ④ をそれぞれ2時間短縮しプロ
ジェクトの完了時間は14時間となります. そのための削減費用は（3百万円＋
6百万円）×2＝18百万円です（**図7-13**）.

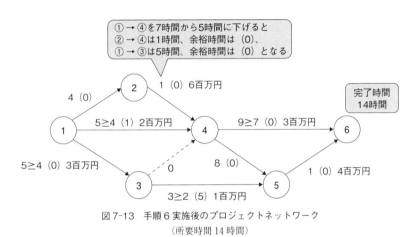

図 7-13　手順6実施後のプロジェクトネットワーク
（所要時間 14 時間）

● **時間短縮のまとめ** クリティカルパス上のすべての作業の余裕時間は0と
　なり, これ以上の完了時間の短縮はないことがわかります. 短縮作業と削
　減費用を表にまとめると, 削減費用69百万円でプロジェクト完了は27時
　間から14時間まで短縮できることがわかります（**表7-1**）.

表7-1 CPM による削減費用と短縮時間

短縮作業	削減費用	短縮時間	合計削減費用	削減費用累計	完了時間
					27 時間
⑤ → ⑥	4 百万円	7 時間	28 百万円	28 百万円	20 時間
① → ②	5 百万円	2 時間	10 百万円	38 百万円	18 時間
① → ④	6 百万円	1 時間	6 百万円	44 百万円	17 時間
① → ⑥ ⑤ → ⑥	7 百万円	1 時間	7 百万円	51 百万円	16 時間
① → ③ ② → ④	9 百万円	2 時間	18 百万円	69 百万円	14 時間

7.1.3 CCPM（Critical Chain Project Management）

クリティカルチェーンとは，作業工程の従属関係とリソースの制約条件を考慮して，作業の所要期間を決めている最も長い作業の流れのことです．

CCPM は，プロジェクト・メンバーの心理や行動特性を考慮して，スケジュール短縮，納期遵守を目的として開発された技法です．

プロジェクト・メンバーの心理的行動特性について，説明します．

（1）心理的行動特性

① 学生症候群（Student Syndrome）

学生に限らず，一般的に作業者は，納期直前までは他の作業を行ってしまう傾向にあります．余裕があると思ってゆっくり作業を始めることがありますが，これは早い段階で発見すべき問題への対処を遅らせることになります．問題は計画の80%進行段階で発生しがちです．「レポート課題の提出場所がわからない」「問題を解くための前提条件を知らなかった」など，早めに対応していれば順調に対処できた課題を，達成できないことはよくあります．この心理的行動特性への対処としては，早く作業に取りかからせるということです．

② パーキンソンの法則（Parkinson's Law）

ある仕事をプロジェクト・メンバーに依頼した場合に，そのメンバーは与えられた期間内に，その作業だけを実施すればよいと思いがちです．その作業が早く終わっても，その作業に関連しているようなあまり重要ではない作業を行いがちです．すなわち，メンバーの心理としては，予定工数を全て使

い切るように作業を拡大させていく傾向があります．早く終わりそうになると手直しを行ったりして，納期まで与えられた作業を抱える傾向にあります．この心理現象は，プロジェクト・マネージャはしばしば遅延しないようにとの圧力をかけますが，予定より早く完了するように奨励することがあまりないからです．この心理的行動特性への対処としては，作業が終わったらすぐに提出させ，次の作業に着手させることです．

③　マルチタスク（Multi-tasking）

　誰でもマルチタスク（仕事の掛け持ち）があれば，オーバーヘッドが多くなります．人間はある瞬間を見れば，一つの作業しかできません．A，B，Cという作業を並行してやっていても，脳の中や机の上には，それぞれの作業の前提となる情報を展開し，別の作業を行うためには，それを片付けて，別の作業の前提となる情報を展開しなければなりません．このように作業の切り替えを行うためには，前提条件のための情報の展開と片付け，頭の切り替えといったオーバーヘッドがかかることになります．このオーバーヘッドを少なくするためには，作業の掛け持ちをしないで，一つの作業が完了するまで，その作業に集中するようにスケジューリングしたほうがよいといえます．

④　遅れのみが伝搬する（No Early Finishes）

　プロジェクト・メンバーの心理としては，予定よりもかなり早く終われば，「見積りが甘い」と無能扱いされ，次回からは自分で見積もった作業工数を削減されるのではないかと考えます．プロジェクト・メンバーの多くが，「作業を早く終わらせる」ことに集中しなくなると，状況によっては作業が遅れてしまうことが多くなります．このようになると，複数の先行する作業のすべてが終わってから開始されるような後続の作業は，先行する複数作業のもっとも遅い作業に依存することになります．すなわち，遅延だけが後工程に伝搬することになります．この心理的行動特性への対処としては，一人の遅れも出さないようにしっかりチェックすることが必要となります．

（2）　CCPM でのスケジュール作成

　CCPM では，このようなプロジェクト・メンバーの心理的行動特性を配慮して，次の手順でスケジュールを作成します．

手順1. メンバーが見積もる作業工数を集める

メンバーが見積もる作業工数は，約半分の時間的な余裕（安全余裕）が含まれているという前提で進めます．「メンバーが見積もる作業工数のこと」をHPといい，「HPのほぼ半分の作業工数のこと」をABPといいます．

HP（Highly Possible）は，作業者自身の責任になるので，90%の確率で完了するであろうという見積りをするであろうという前提です．

ABP（Aggressive but Possible）は，完了できるかどうかのぎりぎりの見積りです．大切なことは，ABPについては時間的な余裕を取り除いているので作業者の責任にしないということです．

プロジェクト・マネージャと作業者が検討を重ねてABPを決めますが，一般的にはおおむね50%の確率でできるという見積り値です（**図7-14**）．

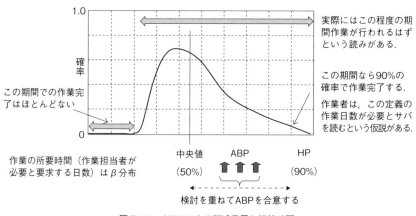

図7-14 CPMによる削減費用と短縮時間

CCPMで使用するHPとABPの例を以下に示します（**表7-2**）．

この例でわかるように，HPとABPは，ぴったり50%ということではなく，メンバーとの話し合いで決めます．HP-ABPのことを安全余裕といいます．

手順2. 作業ネットワークを作る

作業と担当メンバーおよびABPからなるタスクの流れによる作業ネットワークを作ります（**図7-15**）．

表 7-2　CCPM で使用する HP と ABP の例

作業	メンバー	HP（週）	ABP（週）	HP-ABP
A	太郎	4.0	2.0	2.0
B	二郎	2.0	1.0	1.0
C	四郎	2.0	1.0	1.0
D	三郎	1.0	0.7	0.3
E	四郎	2.0	1.0	1.0
F	二郎	0.5	0.3	0.2
G	五郎	3.0	1.8	1.2
H	三郎	2.5	1.5	1.0
I	六郎	2.0	1.0	1.0
J	太郎	0.5	0.3	0.2

● 凡例

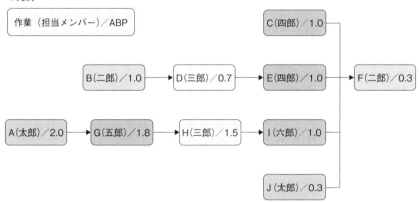

図 7-15　作業と担当メンバーおよび ABP からなる作業の流れ

手順 3. 時間軸上にタスクを配置し同一メンバーの重なりを調整する

　時間軸上にタスクを並べ同時に同じメンバーが作業しないようにタスクをずらす（**図 7-16**）.

手順 4. クリティカルチェーンの確認

　同一メンバーの重なりの調整後に，最も長い作業と担当メンバーの流れを確認します（**図 7-17**）. **クリティカルチェーン**とは，作業と人的資源の重なりを考慮した一番長い作業のつながりのことです.

● 凡例

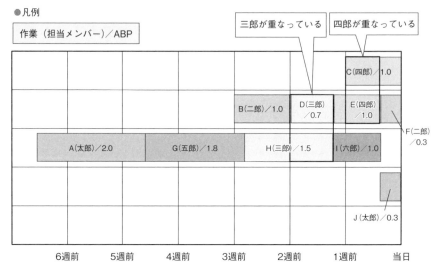

図 7-16 同一メンバーの視点でタスクを調整

● 凡例

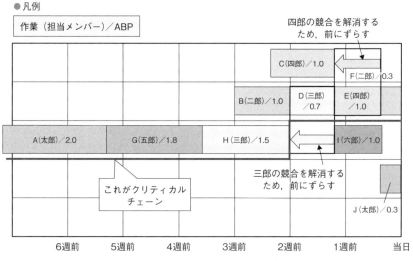

図 7-17 クリティカルチェーンの確認

手順5. 副次的な合流経路を確認する

　クリティカルチェーンを中心に，副次的な合流経路を確認します（**図 7-18**）.

手順6. プロジェクトバッファと合流バッファを設置する

　HP から ABP を引いたもの（安全余裕）を遅れのバッファとして，クリティカルチェーンの後ろにプロジェクトバッファ（PB）を置き，合流経路のところ

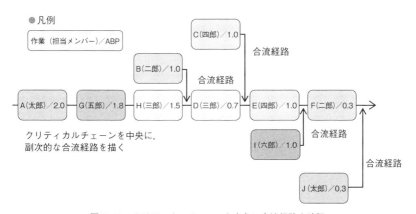

図 7-18　クリティカルチェーンを中心に合流経路を確認

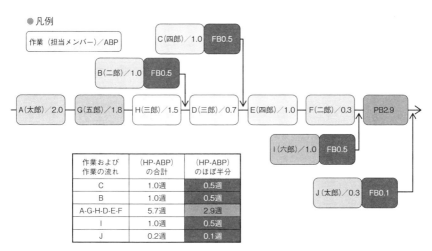

作業および 作業の流れ	(HP-ABP) の合計	(HP-ABP) のほぼ半分
C	1.0週	0.5週
B	1.0週	0.5週
A-G-H-D-E-F	5.7週	2.9週
I	1.0週	0.5週
J	0.2週	0.1週

図 7-19　プロジェクトバッファ（PB）と合流バッファ（FB）を置く

に合流バッファ（FB）を置きます（**図7-19**）.

　なお，プロジェクトバッファとは，プロジェクトの最後に置くバッファのことで，遅れたスケジュールを取り戻すために使われる予備時間のこと.

　合流バッファとは，クリティカルチェーン以外の作業に持たせる一定のバッファで，クリティカルチェーンに遅れを生じさせないようにするための予備時間のこと.

手順7.　顧客へのプロジェクトの完了予測期間を伝える

　顧客には，プロジェクトの完了予測としてクリティカルチェーンの期間とプロジェクトバッファの期間を合計した期間を伝えます.

7.1.4　スケジューリング・ツール

　スケジューリング・ツールとしては，Excel，Brabio!，SmartSheet，Ms-Projectなどがよく活用されています．プロジェクトの規模や用途，機能，価格，自分にとって使い慣れているかどうか，などを見比べてプロジェクトとして統一的に使っていくことが大切です.

7.2　スケジュール・マネジメントの知識エリア

　スケジュール・マネジメントの知識エリアには，次の6つのプロセスがあります．そのうち，5つのプロセスが計画プロセス群で実施されます（**図7-20**）.

　スケジュール・マネジメントは，他の知識エリアに比べて順序性があり，前のプロセスの成果を受け取って，後ろのプロセスが実施されるため，わかりやすいといえます（**図7-21**）.

7.3　スケジュール・マネジメントの計画プロセス

　スケジュール・マネジメントの計画プロセスは，スケジュールを計画し，実行して，モニタリングとコントロールを行うための方針や手続きなどを決めておき，スケジュール・マネジメント計画書として文書化します．スケジュール・マ

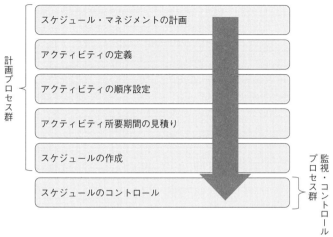

図 7-20 スケジュール・マネジメント

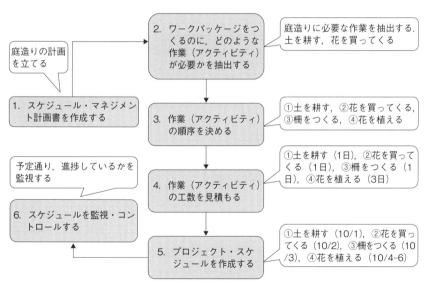

図 7-21 スケジュール・マネジメント

ネジメント計画書は，補助マネジメント計画書の一つです．スケジュール・マネ
ジメント計画書の構成要素は，次のような項目が含まれます．

7.3.1 スケジュール・モデルの決定

スケジューリング方法論としては，PERT，CPM，CCPM を紹介しました．このプロジェクトでは，スケジュール・モデルとして，どのような方法論を適用するのか，またどのようなスケジューリング・ツールを活用するかについて，決めておくことが必要となります．

7.3.2 スケジュールの正確さの精度レベル

見積りや進捗報告において許容される範囲のことです．プロジェクトの規模に応じて，スケジュールの単位（年，月，週，日）や投資コストの単位（億円，万円，千円）を決めておきます．システム開発の期間は，半年から数年程度であり，進捗は週単位，金額は千円単位で報告することが多いようです．

7.3.3 作業測定単位

どのような物差しを時間やお金に結び付けるか，という成果物の単位を決めておくことが必要です．ドキュメント（設計書，仕様書など）作成量はページ，プログラムの開発量はステップや本数，テスト量はテスト件数，がよく使われる単位です．

7.3.4 コントロールの 閾値

スケジュール・マネジメントでは，進捗状況をモニタリングし遅延が発生しているとその原因を分析して素早く対応（コントロール）することが重要です．納期間際の遅れは致命傷になることが多いです．納期までの残余期間と関連しますが，コントロールの閾値として，これ以上遅れたら，対応処置が必要という閾値を決めておきます．

7.3.5 パフォーマンス測定の規則

プロジェクトのパフォーマンスとは，成果，実績，効果といった意味になります．パフォーマンス測定の規則とは，プロジェクトの実績を，誰が，いつ，どのように測るか，ということを決めておくことです．EVM（8.1 参照）で行うことが一般的です．

7.4 アクティビティの定義プロセス

　成果物（プロダクト，サービス，所産）を作り出すためには，作業が必要です．この作業のことを**アクティビティ**（Activity）といいます．アクティビティの定義プロセスは，アクティビティ・リスト，アクティビティ属性，マイルストーン・リストなどをまとめることです．

　WBS辞書の中に，そのワーク・パッケージを作成するためのアクティビティを記入する場合もあります（**表7-3**）．

表7-3　WBS辞書の中のアクティビティ

Work Package		責任者	アクティビティ	所用工数（人月）	出来高測定基準（重み付けマイルストーン法）
ID	名称				
UI1Y0018	画面遷移図	赤木緑	画面遷移図を作成し，チーム内レビュー，ユーザレビューを実施する 画面遷移図は，以下の手順で作成する ①用途別に画面を分類する ②メニュー画面を定義する ③画面遷移パターンを抽出する ④サブ画面の遷移パターンを抽出する ⑤プロセス／サブシステムの関連づけを実施する ⑥画面遷移のイベントを抽出する ⑦遷移条件を抽出する	2人月 =(2W×4人)	60%－左記のレビューを完了し，修正を反映している 80%－品質基準を満たしている 90%－品質保証チームの承認を得ている 100%－顧客から最終承認を得ている

7.4.1 アクティビティ

　アクティビティは，ワーク・パッケージそのものをつくるための作業としての「プロダクト・アクティビティ」とその作業をマネジメントするための「マネジメント・アクティビティ」があります．例えば，執筆そのものを行う「執筆アクティビティ」と，執筆状況を報告，連絡，相談する「執筆管理アクティビティ」があります．

7.4.2 アクティビティ・リスト

アクティビティ・リストとは，作業一覧のことです．一人ひとりのプロジェクト・メンバーが，自分の作業は何かを把握するために必要になりますので，プロジェクトにおいて実行する全てのアクティビティを記述することと，プロジェクト・メンバーが作業の進め方を確実に理解できるように個々のアクティビティについて記述することが必要です．

7.4.3 アクティビティ属性

アクティビティ属性（Activity Attributes）とは，アクティビティの持つ属性のことです．　例えば，アクティビティの「担当者」「アクティビティコード」「先行アクティビティ」「後続アクティビティ」「論理的順序関係」「リードとラグ」「資源に対する要求事項」「指定日」「作業場所」「制約条件」「前提条件」などから構成されています．これらを定義することにより，各アクティビティの内容を，より明確に把握できます（**図7-22**）．

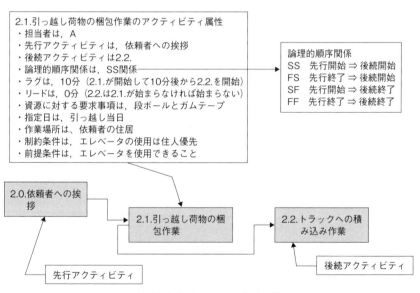

図 7-22　アクティビティ属性の例

7.4.4　マイルストーン・リスト

マイルストーンとは，プロジェクトを完遂するために重要な中間目標日程のことです．

マイルストーン・リストは，すべてのマイルストーンを明示するものです．マイルストーンを守ることが必須である（契約で求められている）のか，努力目標としての期限なのかを示すことができます．

アクティビティの定義プロセスのツールと技法には，WBS の作成プロセスでも活用されたローリング・ウェーブ計画法がありますが，アクティビティの定義においても，段階的に詳細化されていくものであることがわかります．

7.5　アクティビティの順序設定プロセス

作業の効率性や効果性を高める上でも，作業の順序は重要です．

ここでは，一戸建ての建設を例にとり，説明します．

7.5.1　依存関係

作業順序を決める上で考えなければならないのは，それぞれの作業の依存関係です．依存関係には，強制依存関係と任意依存関係および外部依存関係と内部依存関係があります．

（1）　強制依存関係（Mandatory dependencies）

強制依存関係とは，二つのアクティビティ間に明確な順序関係がある場合の依存関係のことです．例えば，「屋根をつくる」作業の前に「柱を立てる」作業が完了している必要があります．強制依存関係は，ハードロジックともいいます．

（2）　任意依存関係（Discretionary dependencies）

任意依存関係とは，二つのアクティビティ間に明確な依存関係がなく，作業順を任意に決めることができる依存関係のことです．例えば，家を建てるプロジェクトにおいて，「外壁を塗る」と「壁紙を貼る」という二つの作業は，どち

らを先にしてもよいので任意依存関係といいます．プロジェクト・マネージャ
やチームで任意に依存関係を決めることができる依存関係のことです．任意依
存関係は，別名，選好ロジック（Preferred logic），ソフトロジック（Soft
logic），優先ロジック（Preferential logic）ともいいます．

（3）外部依存関係（External dependencies）

　外部依存関係とは，あるアクティビティがプロジェクト外の活動に依存する
場合の依存関係であり，コントロールの及ばない外部との依存関係のことです．
例えば，「下水管を設置する」作業を実施する際，役所の許認可が必要な場合
は，作業の開始は「役所からの許可を得る」作業に依存しています．

（4）内部依存関係（Internal dependencies）

　内部依存関係とは，プロジェクトアクティビティ間の関係であり，一般にプ
ロジェクトのコントロール下で設定されます．例えば，作業のスケジュールを決
める際の，子供部屋からなのか，居間からなのか，は大工の都合で決めることが
できます．いったん決めるとその場所で作業しているときには，他の作業者は荷
物を運んだりすることはできません，といったことが内部依存関係です．

7.5.2　スケジュールを表現する図法

　スケジュールを表現する図法に，アロー・ダイアグラム法とプレシデンス・
ダイアグラム法があります．

（1）アロー・ダイアグラム法（ADM：Arrow Diagramming Method）

　アロー・ダイアグラム法は，作業名を矢印の上に示し，矢印の前後に付加す
る丸印の「ノード」によって作業間の区切りを表します．矢印にも2種類あり，
実線の矢印は作業の流れ，点線の矢印は作業同士の依存関係を表します（**図7-
23**）．

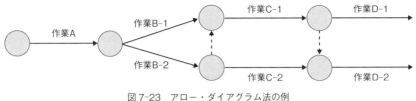

図7-23　アロー・ダイアグラム法の例

（2）プレシデンス・ダイアグラム法（PDM：Precedence Diagramming Method）

　プレシデンス・ダイアグラム法は，長方形の中に作業名を記し，作業間の関係を矢印で表します．作業名とともに，各作業の開始日と完了日，期間，担当者名などを記載します（**図7-24**）．

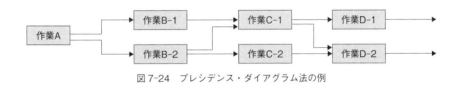

図7-24　プレシデンス・ダイアグラム法の例

7.5.3　論理的順序関係

　プレシデンス・ダイアグラム法は，次のような4つの**論理的順序関係**を表現することができますが，アロー・ダイアグラム法では，終了−開始関係のみ表現できます．

（1）終了−開始関係（FS：Finish to Start）

　先行作業が終了するまで後続作業を開始できない関係です．例えば，ペンキを塗る際に，「表面処理を終了」してから「塗装を開始」するような関係です．

（2）終了−終了関係（FF：Finish to Finish）

　先行作業が終了するまで後続作業を終了させることができない関係です．例えば，「先行する引き渡しのために清掃作業を終了」させなければ，「後続の入居者への引き渡し作業を終了」させることができないような関係のことです．

（3） 開始－開始関係（SS：Start to Start）

先行作業が開始されるまで後続作業を開始できない関係です．例えば，引っ越しをする際に，先行する「家具の梱包作業を開始」しなければ，後続の「トラックへの積み込み作業を開始」できないような関係のことです．

（4） 開始－終了関係（SF：Start to Finish）

先行作業を開始するまでは，後続作業を終了できない関係で．例えば，地鎮祭において，先行の「神主が工事の安全を祈願することを開始」しなければ，後続の「参加者は待っている作業を終了」することができないような関係です．

7.5.4 リードとラグ

アクティビティの順序設定プロセスのツールと技法として，リードとラグがあります．

（1） リード（Lead）

リードとは，先行アクティビティの完了を待たずに，後続アクティビティを前倒して開始できる依存関係のこと，またはその時間のことです．例えば，新築一戸建てが完成する前に，居住者が使える部屋で作業を開始することです．

（2） ラグ（Lag）

ラグとは，先行アクティビティが完了していても，後続アクティビティの開始を遅らせるような依存関係のこと，またはその時間のことです．例えば，新築一戸建てに濡縁をつくりペンキを塗って，ある程度時間経過してから，座ってもよいとの合図をするようなものです．

7.5.5 プロジェクト・スケジュール・ネットワーク図

このアクティビティの順序設定プロセスでは，プロジェクト・スケジュール・ネットワーク図を作成します．

アクティビティは相互の順序関係を見ながらいくつかの関連したつながりにまとめることができます．これをハンモックといいます．

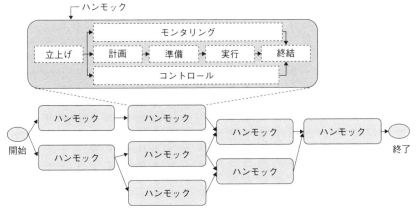

図7-25 プロジェクト・スケジュール・ネットワーク図

　アクティビティの論理順序関係を設定し，プロジェクトのアクティビティをいくつかのハンモックにまとめ，連結したものをプロジェクト・スケジュール・ネットワーク図と呼びます（**図7-25**）.

7.6　アクティビティの所要期間の見積りプロセス

　プロジェクト・スケジュール・ネットワーク図ができれば，それぞれのアクティビティに必要とされる所要期間の見積りをします.

7.6.1　アクティビティ所要期間の見積りのインプット

　アクティビティ所要期間の見積りプロセスには，アクティビティ・リスト（7.4（2）参照），アクティビティ属性（7.4（3）参照），マイルストーン・リスト（7.4（4）参照），資源ブレークダウン・ストラクチャー，資源カレンダー，資源要求事項，教訓登録簿（4.2参照），リスク登録簿（13.3参照）のようなプロジェクト文書が必要となる場合があります.

（1） 資源ブレークダウン・ストラクチャー（RBS：Resource Breakdown Structure）

　ここで，資源ブレークダウン・ストラクチャーとは，プロジェクトに必要な資源，例えばプロジェクトルームの設備，文房具，情報設備のような物理的資源，SE，プログラマのような人的資源などで，これらを階層的に表現したものです．RBS があることによって，プロジェクトに必要な資源を把握できます．

（2） 資源カレンダー

　資源カレンダーには，資源ブレークダウン・ストラクチャーに記載されている資源がいつ利用可能であるかが示されています．プロジェクト・マネージャは，資源カレンダーを確認，把握してプロジェクトの指揮をとらなければなりません．

（3） 資源要求事項

　資源要求事項は，プロジェクト・メンバーが資源に対して要求している水準などのことで，例えばパソコンの性能や容量，プロジェクトルームの照明の明るさなどです．

　プロジェクト・マネージャは，プロジェクトに必要な資源が要求水準を満たし，確実に使用できることを確認しておかなければなりません．

7.6.2　アクティビティ所要期間の見積りのツールと技法

　このプロセスにおけるツールと技法には，専門家の判断，類推見積り，パラメトリック見積り，三点見積り（7.1.1 参照），ボトムアップ見積りなどの見積り技法とデータ分析（7.6.3 参照）があります．

（1） 専門家の判断

　専門家の判断とは，システム開発の経験者や複数の専門家の判断を仰ぐということです．対象とする業務に，特有のリスクや見積もる際のコツのようなものがあります．

（2）　類推見積り

類推見積りとは，過去の類似プロジェクトの実績を基礎として見積もる方法です．

（3）　パラメトリック見積り

パラメトリック見積りとは，工数などを目的変数として，説明変数に規模や要因などを設定し，数学的な関数として表す方法で，COCOMO Ⅱ，ファンクションポイント法などがあります．

（4）　ボトムアップ見積り

ボトムアップ見積りとは，工数積み上げ法ともいいますが，プロジェクトの成果物の構成要素を洗い出し，それぞれに必要な工数などを見積もって積み上げる方法のことです．WBS のワーク・パッケージの見積り工数を積み上げることも，この方法です．

7.6.3　データ分析

データ分析には，代替案分析と予備設定分析があります．

（1）　代替案分析

代替案分析は，さまざまなレベルの資源（ヒトやモノ）の能力やスキル，スケジュール短縮技法，ツール，および資源に関する意思決定などを比較して決定することです．例えば，プロジェクト・メンバーの能力やスキルを，より適合したアクティビティに振り分ける，情報機器を投入してスケジュールの短縮を図る，といった意思決定を検討することです．

（2）　予備設定分析

予備設定分析は，プロジェクトの特徴である不確実性に対してプロジェクト・マネージャが予備時間や予備資金を決める際に使用する技法です（**図 7-26**）．

図7-26　予備設定分析

　プロジェクトには，さまざまなリスクが顕在化します．プロジェクト・マネージャは，計画段階で，想定されるリスクを特定します．これが「**既知の未知のリスク**（時期は不明だが発生する可能性のあるリスク）」といわれるものです．

　例えば，既知の未知のリスクとは，あるアクティビティを実施する際に「10日で完了すると計画しているものが 20 日かかってしまう」とか「インフルエンザが大流行してプロジェクト・メンバーが活動できなくなる」などのリスクのことです．プロジェクト・マネージャは，このようなリスクが顕在化した場合に備えて，予備時間または予備資金を計画の中に見込んでおき，顕在化した場合には，自身の裁量で使用することができます．これらの予備時間または予備資金のことを**コンティンジェンシー予備**と呼びます．

（3）未知の未知のリスク

　しかし，プロジェクトで顕在化するリスクは，プロジェクト・マネージャが計画段階で想定したリスクばかりとはいえません．新型コロナの大流行やエネルギー価格の急上昇などは，想定外のリスクです．このようなまったく予測できなかったリスクのことを「**未知の未知のリスク**」といいます．この未知の未知のリスクが顕在化した場合に対応するための予備時間や予備資金のことを**マネジメント予備**といいます．マネジメント予備を使う場合には，プロジェクト・マネージャはプロジェクト・スポンサーの承認が必要となります．

7.7　スケジュールの作成プロセス

このプロセスでは，スケジュールに関する前提条件，制約条件，必要情報を集めてスケジュールを作成し共有し，スケジュール・ベースラインとしてまとめます．

スケジュール・ベースラインとは，プロジェクトで承認されたスケジュールのことであり，実績と比較する基準として用います．

7.7.1　資源最適化

このプロセスのツールと技法には，資源最適化があります．**資源最適化**とは，作業負荷量や作業日程の開始と終了を調整し，資源のバランスをとることです．ステークホルダーやパートナーとの関係から理想と現実の調整をする必要があります．資源最適化には，資源平準化と資源円滑化という方法があります．

（1）資源平準化
資源平準化とは，資源の需要と供給のバランスを保つ目的で，資源の制約条件に基づき開始日と終了日を調整する技法のことです（**図7-27**）．

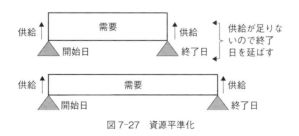

図7-27　資源平準化

（2）資源円滑化
資源円滑化とは，プロジェクト資源の要求量が所定の上限を超えないように，スケジュール・モデルのアクティビティを調整する技法のことです（**図7-28**）．資源円滑化は，クリティカルパスに影響を与えないよう，フロート（後続

図 7-28　資源円滑化

アクティビティの開始を遅らせることなくそのアクティビティを遅らせることができる期間）を調整します.

7.7.2　フロート

　フロートとは，スラックとも呼ばれ，フリー・フロートとトータル・フロートがあります.

（1）フリー・フロート（FF：Free Float）

　フリー・フロートとは，後続アクティビティの最早開始日を遅らせることなく，そのアクティビティを遅らせることができる期間のことです（**図7-29**）.

図 7-29　フリー・フロート

（2）トータル・フロート（TF：Total Float）

　トータル・フロートとは，プロジェクトの終了日(納期)を遅らせることなく，そのアクティビティを遅らせることができる期間のことです（**図7-30**）.

　スケジュールの作成プロセスのアウトプットとして，スケジュール・ベースラインが作られ，進捗の管理の基準として使用されます. 変更する場合には，正式な変更管理手続きを経なければなりません.

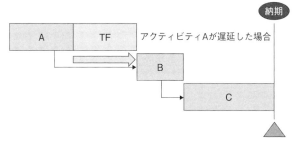

図 7-30　トータル・フロート

7.8　スケジュールのコントロールプロセス

　このプロセスでは，スケジュールの進行をマネジメントし，状況により変更要求を行います．進捗管理を行い，スケジュール・マネジメント計画書で設定しているコントロールの閾値と比較しながら，状況により変更要求をするという手続きをするかもしれないプロセスです．スケジュールをコントロールするツールと技法としては，スケジュール短縮のためのクラッシングやファースト・トラッキングという技法が使われます．

（1）　クラッシング（Crashing)
　コストとスケジュールのトレードオフを分析し，最小のコストで最大の時間短縮を得る技法です．例えば，プロジェクトに人を集中的に投入してスケジュールの短縮をはかることなどです．リスクとしては，プロジェクトの増員によるコミュニケーションや通知の周知徹底の問題などが考えられます．

（2）　ファースト・トラッキング（Fast Tracking)
　通常は，順を追って実行するアクティビティを，並行して実行する技法です．例えば，設計が完了する前にコーディングを開始することです．この技法のリスクとしては，実施したことに対する手直しが発生する可能性があることです．

Column

■マイルストーンを意識することが重要■

　プロジェクト・マネージャにとって，プロジェクトのスケジュールを守り，守らせることは，非常に大切なことです．もちろん，品質を確保したうえでスケジュールを守ることが大切なので，レビューやテストの効率性や有効性を確認しながら進めなければなりません．

　計画段階で，スケジュールを立案する際の作業時間を確保することや，標準化や，効率性を高める仕組みをつくることが必要です．

　しかし，社会では，計画段階では気づかなかった「緊急対処要件」や「他の案件の遅れ」「体調不良」「予定外の対応案件」などが，突如，入ってくるものです．このような「突発案件」が予定外で入ってくると，その対応にかかりっきりになり，もともと予定していた仕事のスケジュールは，完璧に遅れた状態になることが多いのです．

　このようなことは，日常茶飯事です．この予防策としては，「マイルストーンの日には，現状を正直に報告する」ことを，守らせることです．

　とかく，自分だけでは甘くなりがちのスケジュールですが，「自分以外の人に正直に報告する」仕組みをつくることです．

　「減量計画であれば，毎日の体重を家族に正直に伝える」

　「資格試験の対策計画ならば，勉強仲間と毎週金曜日に進捗を共有し合う」

　「執筆計画であれば，毎週日曜日に編集長に執筆状況を正直に報告する」

　「システム設計であれば，担当部分を上司に，レビュー状況を含めて正直に報告する」

　こういった仕組みを構築することが大切です．

　人に伝えることによって，自分自身でつくったマイルストーンを気にすることになり，少しでも回復しようと自浄作用が働きます．

　最悪なのは，人に伝えることもなく，意識することもなく，時間だけが過ぎ去ってしまうことです．このような状況になると取り返しがつきません．

第❽章

コスト・マネジメント

8.1　コスト・マネジメントに必要な概念

　コストのマネジメントを行う際に必要な概念は，**コントロール・アカウント**（CA：Control Account）です（**図 8-1**）．

　ワーク・パッケージ（6.4 参照）を個別に管理すると，細かすぎて煩雑になることがあります．そのような場合，関連性の高い複数のワーク・パッケージをまとめると便利です．ワーク・パッケージを集約したものをコントロール・アカウントといいます．

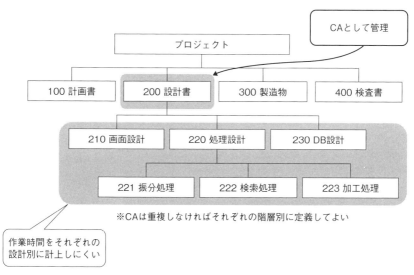

図 8-1　コントロール・アカウント

例えば，システム開発の際に，プロジェクト・コストを把握するために，プロジェクト・メンバーは，本来，どのアクティビティを何時間かけて作業したかを記録しなければなりません．「画面設計に 5 時間」「処理設計に 10 時間」「DB 設計に 8 時間」などと記録することが求められます．しかし，このようなアクティビティは，現実には試行錯誤しながら進めていくことが多く，きっちり分けられるものではありません．そこで，「画面設計」「処理設計」「DB 設計」などの各アクティビティをまとめて「設計」というコントロール・アカウントとして，23 時間を計上するほうが現実的でマネジメントしやすいのです．

プロジェクトは，成果物を創出していくアクティビティの集まりです．ある期間内に，何かの成果物をつくろうとしてアクティビティを行います．計画した成果物の出来高を計画価値（PV：Planned Value）といいます．また，その期間内に実際につくり出した出来高を実績価値（EV：Earned Value）といい，実際につくり出した出来高のために投入したコストを実績コスト（AC：Actual Cost）といいます（**図 8-2**）．

この図は，作業の進捗や投資コストの効率性を分析・評価するための技法としての EVM を理解するために重要です．

EVM（Earned Value Management）は，計画出来高，実績出来高，および実績コストを同じ価値で表現することによって，定量的に進捗状況の把握，計

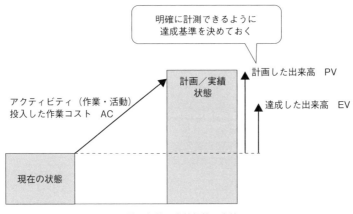

図 8-2 計画価値，実績価値，実績コスト

画との乖離の把握，さまざまな予測などを行うことができるプロジェクトマネジメントの技法です．

　EVMを活用するためには，プロジェクトにおいてワーク・パッケージの**出来高測定基準**を明確に定義しておくことが必要です（**表8-1**）．

表8-1　さまざまな出来高測定基準

出来高測定基準	説明
重み付けマイルストーン法（Weighted Milestone）	それぞれのマイルストーンに進捗の重み付けをする方法．例えば，設計書目次の承認でそのワーク・パッケージの20%，設計書の社内承認で60%完了とするなど．
固定法（Fixed Formula）	詳細かつ短期間の作業に細分化し，それぞれの作業開始，作業完了の出来高（%）を設定する方法．例えば開始で50%，完了で残りの50%など．
パーセント法（Percent Complete Estimations）	作業の進捗実績を，実績入力担当者の判断で，「%」で入力する方法．任意の値を設定できるが個人による誤差や恣意的になる可能性がある．
パーセント法とマイルストーン法の組み合わせ（Complete Estimations with Milestone Gates）	出来高をパーセント法で算出するが，値はマイルストーン値以内に抑える方法．マイルストーン法とパーセント法の難点を補完できるが，設定に手間がかかる．
小分け法（Equivalent Completed Units）	測定対象を数えられる小さなグループに分割し，分割した数で出来高を算出する方法．

　プロジェクトは大勢のプロジェクト・メンバーやチームがさまざまなワーク・パッケージを作成しています．プロジェクトで進捗状況や実績コストの効率性を分析評価するためには，ワーク・パッケージ（成果物）の出来高の評価を標準化しておくことが必要です．

　出来高測定基準の中の一つに，固定法があります（**図8-3**）．

　この基準は，成果物の出来高評価を「途中段階の評価値」と「完成時の評価値」の二つで表現する方法です．固定法には，0-100ルール，50-100ルールなどがあります．

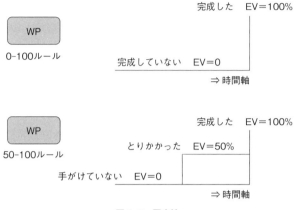

図8-3 固定法

● 0-100ルール

その人またはチームが担当した成果物の完成度合いの評価基準を，途中段階では0%（できていないと同じ），完成したら100%できたと評価すること．

● 50-100ルール

成果物の作成を始めたら何もできていなくても50%できていると評価し，完成したら100%できたと評価すること．

コストは，プロジェクト・マネージャにとって，留意しなければならないものです．システム開発プロジェクトの場合，プロジェクト・コストの大部分は人件費であり，プロジェクト・メンバーのパフォーマンスがプロジェクト・コスト

図8-4 コスト・マネジメント

に直結します.

　コスト・マネジメントの知識エリアには, 次の4つのプロセスがあります. そのうち, 3つのプロセスが計画プロセス群で実施されます (**図8-4**).

8.2　コスト・マネジメントの計画プロセス

　コスト・マネジメントの計画プロセスは, プロジェクト・コストを計画し, 見積り, 予算の設定を行い, 支出をマネジメントし, コントロールするための方針, 手順を定め, コスト・マネジメント計画書として文書化することです.

　なお, コスト・マネジメント計画書には, 次のような内容が記載されます.

8.2.1　組織の手続きとの結びつき, パフォーマンス測定の規則

　コントロール・アカウントの範囲をWBS上に定め, その計測方法やワーク・パッケージの出来高測定基準を設定し, ワーク・パッケージに付与されているWBSコードを使って組織の勘定科目と結びつける処置をします.

8.2.2　測定単位, 有効桁数 (精密さのレベル)

　コストとしての課金対象となる資源ごとに測定単位を定義します. 例えば, プロジェクト・メンバーの作業コストの実績は, 「実作業時間」を測定単位とすること, プロジェクトルーム, 情報設備の賃借時間などを決めます. プロジェクトに必要となる精密さのレベルである有効桁数なども設定します. 例えば, システム開発では, 多くの場合, 千円単位とします.

8.2.3　コントロールの閾値 (管理限界値)

　スケジュール・マネジメント計画書では, コントロールの閾値として, どの程度の時間的な遅れが許容範囲か, という点が記載されています. コスト・マネジメントでは, 問題視されるコストの限界値を超えたら, 何らかの処置が必要となります. 通常, プロジェクト予算との相関になります.

8.2.4 コスト・マネジメントの手続き，報告書の書式

組織におけるコスト・マネジメント・プロセスの手続きと様式を文書化します．

8.2.5 その他の詳細情報

コスト・マネジメントに関するその他の詳細事項を記載します．例えば，将来のポートフォリオ・マネジメントに対する戦略的な資金調達や為替相場の変動への対処方法などがあれば記載しておきます．

8.3 コストの見積りプロセス

このプロセスでは，プロジェクト全体のコストの見積りについてまとめ，その根拠を保管しておきます．スケジュール・マネジメントで行ったアクティビティの所要期間の見積りプロセスでは，一つひとつのアクティビティを時間的に見積もりましたが，コストの見積りプロセスは，プロジェクトの全体コストを見積もります．

コストの見積りプロセスのインプットの一つには，組織のプロセス資産があります．さまざまなプロジェクトの実績からの「コスト見積りの方針」「コスト見積りのテンプレート」「過去の情報と教訓リポジトリ」などがこれに相当します．

実際の「コスト見積りのテンプレート」としては，IT システム開発の場合には，『ソフトウェアメトリックス〜要点ハンドブック〜』（JUAS 日本情報システム・ユーザー協会発行）などが活用しやすいです．この資料に基づくシステム開発のソフトウェアメトリックスの例としては，次のような「標準工期（月数）」や「完成までの工数」の経験則があります（**図 8-5**）．

8.3.1 デルファイ法の手順

専門家の判断としては，デルファイ法が活用されることがあります．**デルファイ法**（Delphi Method）とは，専門家が持つ直観的意見や経験的判断を反復型のアンケートを使って，組織的に集約・洗練する意見収束のための技法で，

> **標準工期（月数）＝投入人月の立方根×2.5**
>
> （100人月以上の場合）

　例）投入人月が、1,000人月の場合……1000人月の立方根＝10
　　　　　　　　　　　　　　　10×2.5倍＝25
　　　　　　　　　　　　　　　すなわち、標準工期（月数）＝25ヶ月

> **完成までの工数＝要件定義の工数×10**

　例）要件定義（工数）が10人月かかった場合……
　　　　　　　　　　　完成までの工数（含：要件定義）＝100人月

図8-5　システム開発のソフトウェアメトリックス
（引用『ソフトウェアメトリックス～要点ハンドブック～』JUAS発行）

次のような手順で意見を集約していきます．

手順1. あるテーマや設問について，その分野の専門家集団に個別に意見を求める．

手順2. 他の専門家の意見も併せて得られた結果を統計的に集約してフィードバックし，再度同じテーマや設問について意見を求める．

手順3. 各専門家は全体の意見の傾向を見ながら，各人がテーマや設問についての意見を再評価する．ここが普通のアンケート調査と異なるところ．

手順4. この質問とフィードバック，意見の再考という過程を数回繰り返すことで，グループの意見を一定の範囲に収束させる．

8.3.2　さまざまな見積りと精度

　見積りのタイミングと見積りの精度について，さまざまな見方や呼び方があります（**図8-6**）．

（1）超概算見積り

　発注側企業がIT戦略企画書策定段階において，ざっと見積もるようなもので，－25～＋75％の範囲程度の精度とされています．

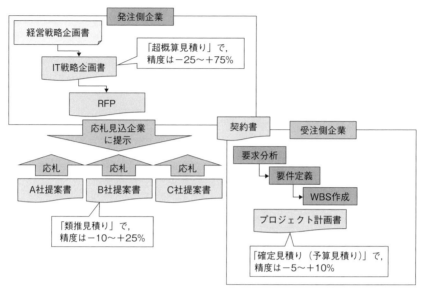

図8-6　経営改革プロジェクトのコスト見積りのタイミングと精度の例

（2）類推見積り

　発注側企業から提案依頼書（RFP：Request for Proposal）を受けて，ITベンダーが見積もるようなもので，−10〜+25%の範囲程度の精度とされています.

（3）予算見積り

　受注側企業のプロジェクト・マネージャが要件定義を行い，リスクも盛り込んで合意した段階の見積りで，−5〜+10%の範囲程度の精度とされています.

8.3.3　ファンクションポイント法

　パラメトリック見積りの例として，ファンクションポイント（Function Point）法を説明します．**ファンクションポイント法**は，開発するソフトウェアの規模をそのソフトウェアが持っている機能で推定する見積り技法です．利用者の視点で把握する機能量に基づいて見積もるので，開発技法や言語には依存しません.

　具体的には，システムの外部仕様から，そのシステムがもつ内部論理ファイル，外部インタフェースファイル，外部照会，外部入力，外部出力に該当する要素の数を求め，さらに複雑さを考慮した重みを掛けて求めた値を合計して規模を見積もる技法です（**図 8-7**）．

（1）内部論理ファイル（ILF：Internal Logical File）

　アプリケーション境界内にあるデータの追加・更新・削除などが操作対象となるファイルです．物理的なファイルに限定するのではなく利用者の概念上にある，一連の項目のまとまりを 1 つのファイルとしてみなすことも可能です．

（2）外部インタフェースファイル（EIF：External Interface File）

　アプリケーション境界外にある外部のファイルです．つまり他のシステムが保守するファイルのことです．

（3）外部照会（EQ：External inQuiry）

　ILF，EIF から参照したデータを加工しないで出力する処理です．データや制御情報を検索してアプリケーション境界外に提示する処理で，検索以外の処理を行わないものです．

（4）外部入力（EI：External Input）

　ILF に対してデータの追加・変更・削除を行う処理です．アプリケーション境界外からデータや制御情報を受け取って内部ファイルを処理するか，システムの振る舞いを変える処理のことです．

（5）外部出力（EO：External Output）

　ILF，EIF から参照したデータを加工してから外部へ出力する処理のことです．アプリケーション境界外に出ていくデータや制御情報を生成するか，またはILF を処理することもあります．

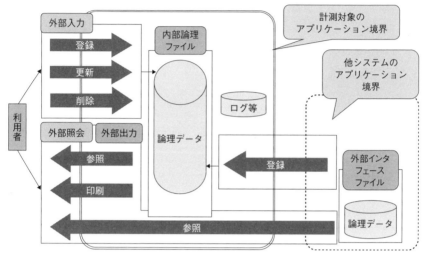

図8-7 ファンクションポイント法の5要因

システム仕様書から，これら5要因（EQ，EI，EO，ILF，EIF）を抽出し，それぞれの複雑度を評価します．この複雑度をベースにして未調整ファンクションポイントを計算し，さらに14項目からなる一般システム特性を加味してファンクションポイント数を求めます．

プロジェクト・マネージャは，このファンクションポイント数を基に，プロジェクトに必要な開発工数を見積もります．そのためのツールとして，「ソフトウェア開発分析データ集」を使うことができます．これによれば，開発プロジェクトの実績（標本）から推定される実績工数 y（開発5工程）［人時］とファンクションポイント実績値 x［FP］の近似曲線，決定係数，工数見積りは，以下の通りです（**表8-2**）．

表8-2 ファンクションポイント数から開発工数見積りの例

	標本数（件）	近似曲線	決定係数	工数見積り
2020年版	5,066	$y = 11.9\chi^{1.00}$	$R^2 = 0.52$	11,900 人時
2022年版	5,546	$y = 32.3\chi^{0.79}$	$R^2 = 0.37$	46,543 人時

（開発規模 1000FP のプロジェクトの工数見積りの場合）
（引用：「ソフトウェア開発分析データ集 2020」，「同 2022」，情報処理推進機構（IPA））

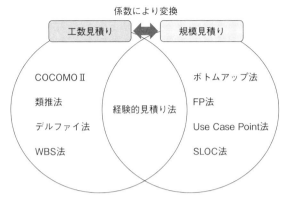

図 8-8　システム開発で使われるさまざまな見積り方法

例えば，開発規模 1000FP のプロジェクトの工数見積りは，11,900 人時＝66.11 人月　または 46,543 人時＝258.6 人月（1 人月＝180 人時で換算）となります．

決定係数 R^2＝0.52 や R^2＝0.37 は，あまり高い数値とはいえず，できればいろいろな見積り法（専門家によるデルファイ法，ボトムアップ見積り（工数積上げ）法，COCOMO Ⅱ）で検証しておくことが望ましいです（図 8-8）．

8.4　予算の設定プロセス

予算の設定プロセスは，**コスト・ベースライン**を設定し，組織から承認を得るためのプロセスです（図 8-9）．

コスト・ベースラインは初期のプロジェクト予算の承認版であり，想定外のリスクに対するマネジメント予備（時間，資金）は含みません．また，コスト・ベースラインは，正式な変更管理手順を経た場合のみ変更されます．

資金要求事項は，コスト・ベースラインから導き出される，総資金の必要量や年度や四半期といった期間ごとの資金の必要量のことです．資金調達は段階的に行われることが多く，均等に配賦されるとは限らず，階段状で示されます．

プロジェクトの予算には，プロジェクトの実行のために承認されたすべてのコストが含まれます．コスト・ベースラインには，コンティンジェンシー予備

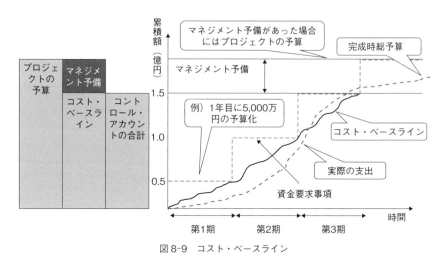

図 8-9 コスト・ベースライン

・プロジェクト・マネジャーの裁量で使用できる
・「既知の未知」のリスクに対応

・プロジェクト・スポンサーの承認が必要
・「未知の未知」のリスクに対応

・アクティビティの追加
・「既知の未知」のリスクに対応

プロジェクトの予算	マネジメント予備	コントロール・アカウントの合計	コンティンジェンシー予備	アクティビティのコンティンジェンシー予備
	コスト・ベースライン		ワーク・パッケージのコスト見積り	アクティビティ・コスト見積り

図 8-10 プロジェクト・コストの構成要素

（時間，資金）を含みますが，マネジメント予備は含まれません（**図8-10**）．プロジェクトの初期に確定したコスト・ベースラインが，当初のプロジェクトの予算です．プロジェクト実行中に「未知の未知のリスク」が顕在化し，正式の変更管理手順を経て，プロジェクト・スポンサーが承認したマネジメント予備が追加された状況を表しています．

8.5 コストのコントロールプロセス

　コストのコントロールプロセスでは，EVMによるプロジェクトの進捗やコストの使用状況のモニタリングとコントロール，差異分析，傾向分析，完成時期やコストの予測などを行います．

　EVM（Earned Value Management）は，プロジェクトの計画出来高（計画した価値）PVと実績出来高（実績としての価値）EV，および実績コスト（価値をつくるために投資したコスト）ACを全て同じ価値（時間や金額など）で表現し，現状の進捗の把握，計画との乖離の把握，今後の予測を行うマネジメント技法です．

　わずか3つの基礎指標を収集することによってプロジェクトの状態を表現し，予測することができるところに特徴があります．

　PV（Planned Value）：計画出来高（計画した価値）

　EV（Earned Value） ：実績出来高（実績としての価値）

　AC（Actual Cost） ：実績コスト（価値をつくるために投資したコスト）

　プロジェクトでは，個人別・チーム別に，この3つ指標を同じ時期に収集することが必要です．例えば，金曜日までの実績出来高と実績コストを収集し，週末に差異分析，傾向分析，予測（モニタリング）などを行って，翌週からの対策を指揮（コントロール）するというプロセスを確立することが必要です．

　EVMでは，次のようなプロジェクトのモニタリング指標が定義されています（**表8-3**）．

　EVMの特長は，プロジェクト・メンバー別，コントロール・アカウント別，チーム別，サブシステム別，工程別に細分化し，加算してもよいという使いやすさにあります（**図8-11**）．

表8-3 EVA/EVM によるプロジェクトのモニタリング指標

モニタリング指標	指標の意味
プロジェクト総予算 BAC (Budget at Completion)	プロジェクト費（当初の価値全体）
プロジェクト期間 SAC (Schedule at Completion)	プロジェクト期間
スケジュール差異 SV (Schedule Variance)	$SV = EV - PV$ 正ならば計画よりも実績が大きい（先行している）ことになるので良好.
コスト差異 CV (Cost Variance)	$CV = EV - AC$ 正ならば少ないコストで実績をつくり出していることになり良好.
スケジュール効率指標 SPI (Schedule Performance Index)	$SPI = EV/PV$ 1 より大きい場合は計測した時点で実績が計画より大きい（出来高の進捗が早い）ので良好. 0.8 を下回ると計画の見直しまたは生産方法の見直しが必要.
コスト効率指標 CPI (Cost Performance Index)	$CPI = EV/AC$ 1 より大きい場合は計測した時点で実績出来高が少ない投資コストでつくられているので良好（投資コスト効率が良い）. 0.8 を下回るとコスト効率が悪すぎ計画の見直しまたは生産能力に問題ありと判断できる.
危険度指標または効率性指標 CR (Critical Ratio)	$CR = SPI \times CPI$ SPI と CPI の両方が悪化すると敏感に反応するので, 1 より小さい場合にはすぐに対応を検討する必要がある.
出来高パーセント PC (Percent of Completion)	$PC = (EV/BAC) \times 100$ つくり出した価値の百分率（%）, いわゆる進捗率.
完了までの所要コスト効率指標（残作業効率指数） TCPI (To Complete Performance Index)	$TCPI = (BAC - EV)/(BAC - AC)$ 計測日以降, 完了予定時期までに求められるコスト効率指標のこと. 1 以上であれば厳しい値であり, 計画時の何倍効率よく働くべきかという値.
残作業コスト予測 ETC (Estimate To Completion)	・コスト差異の傾向が続くと予測する場合 $ETC = (BAC - EV)/CPI$ ・コスト差異の傾向が続かないと予測する場合 ETC = 残り作業の再見積コスト ・差異は一過性で今後は発生しないと予測する場合 $ETC = BAC - PV$
完了時総コスト予測 EAC (Estimate at Completion)	$EAC = AC + ETC$ ・コスト差異の傾向が続くと予測する場合 $EAC = AC + (BAC - EV)/CPI = BAC/CPI$ ・コスト差異の傾向が続かないと予測する場合 EAC = AC + 残り作業の再見積コスト ・差異は一過性で今後は発生しないと予測する場合 $EAC = AC + (BAC - PV)$
完了時コスト差異 CVAC (Variance at Completion)	$CVAC = BAC - EAC$ 正ならば予算内投資コストの見込み.
完了期間予測 TEAC (Time Estimate at Completion)	$TEAC = SAC/SPI$ 現在のスケジュール効率指標が継続する場合のプロジェクト期間予測.
完了時期差異予測 TVAC (Time Variance at Completion)	$TVAC = SAC - TEAC$ 正ならば当初予測のプロジェクト期間よりも前に完了する見込み.
プロジェクト完了予測日	当初完了予定日 $- TVAC$ によって求められる. 具体的なプロジェクト完了の予測日.

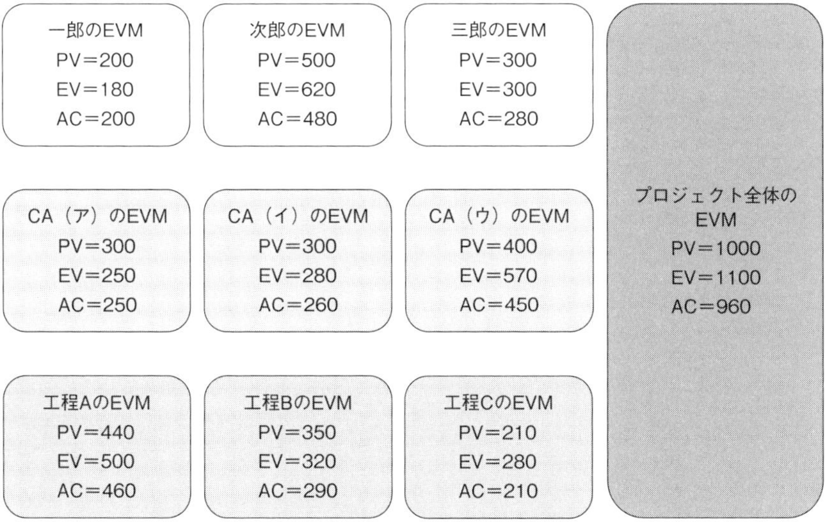

一郎のEVM PV＝200 EV＝180 AC＝200	次郎のEVM PV＝500 EV＝620 AC＝480	三郎のEVM PV＝300 EV＝300 AC＝280	
CA（ア）のEVM PV＝300 EV＝250 AC＝250	CA（イ）のEVM PV＝300 EV＝280 AC＝260	CA（ウ）のEVM PV＝400 EV＝570 AC＝450	プロジェクト全体の EVM PV＝1000 EV＝1100 AC＝960
工程AのEVM PV＝440 EV＝500 AC＝460	工程BのEVM PV＝350 EV＝320 AC＝290	工程CのEVM PV＝210 EV＝280 AC＝210	

図 8-11　マネジメント対象を細かく分けた EVM の適用例

Column

■できる人財を育成して，最大限に活用することが肝要■

　システム開発を行う場合，プロジェクト・マネージャにとって，プロジェクト・コストのマネジメントが重要です．

　プロジェクト・コストの要素としては，社内要員，外注要員，出張費，宿泊費，マシン費などがあります．これらの中で，最もコストパフォーマンスに差が出てくるのが，社内要員，外注要員です．社内要員の場合は，「社内での育成という観点もあるので，できる人財だけ使います」というわけにはいきません．きめ細かく，カウンセリングをし，やる気を持たせ，高いパフォーマンスが出るようにチームを構築していくことが必要です．

　たとえば，プロジェクトにおいて，使用するパソコンは1台が20〜30万円であり，プログラマは1人月60〜80万円，SEは1人月80〜120万円くらいです．パソコン代はマシン費として計上され高々30万円程度であり，そこそこの性能が発揮できます．要員の場合，人件費として計上され，1人月は，ほぼ100万円くらいなので，生産性や品質の良さ，仕事の段取りの良さといったパフォーマンスの良い人と悪い人では，大きな差がでてきます．

　しかし，一度，契約した場合，パフォーマンスが良くないから明日から来なくてよいなどとは言えません．

　したがって，最初が肝心であり，きめ細かくモニタリングし，コントロールしていくことが必要です．社内要因や外注要員には，依頼している要件，要求事項を最初に明確に提示し，成果のモニタリングやコントロールをしていくことを明確に伝えることが大切です．

　いずれにしても人財には，「期待していることを伝え，具体的な期待値（成果と報告方法，期待している行動）を伝え，モチベーションアップを図る」ことが，とても大切です．

品質マネジメント（品質の概念とマネジメントプロセス）

9.1 品質の概念

　プロジェクトは，価値実現システムの構成要素の一つです．利用者にとっての成果物（プロダクト，サービス，所産）の価値は，品質に大きく左右されます．では，品質とは何でしょうか？

　長さや重さには，「メートル」「kg」という単位がありますが，品質には，「基準となる物差し」がありません．それは，品質は，「他の何か」と組み合わせることで基準を得ているからです．「他の何か」とは，利用者（評価者）の要求です．利用者（評価者）の要求とは，家電製品ならば，「どのくらい長持ちするか？ 操作のしやすさ，性能の優劣」であり，料理なら「おいしさ，栄養価，見栄え」であり，研究論文ならば，「独自性，新規性，論理性」といったものです．品質とは，それ単体では基準を持たず，他の何か（要求）と組み合わせることで基準を得るものなのです．

9.1.1 品質の定義

　品質とは（JIS Q 9000 : 2015）「対象に本来備わっている特性の集まりが，要求事項を満たす程度」と定義されています．

　ここで，特性とは，「そのものを識別するための性質」のことです．特性の例としては，「機能適合性」「性能効率性」「互換性」「使用性」「信頼性」「セキュリティ」「保守性」「移植性」などがあります．

　また，要求事項とは，「明示されている，通常暗黙のうちに了解されている，または義務として要求されているニーズまたは期待」のことです．

9.1.2 商品の品質と製品の品質

品質には，「消費者にとっての商品の品質」と「生産者にとっての製品の品質」があります．消費者にとっての**商品の品質**は，消費者のニーズや使う環境，使い方などによってさまざまに変化します．主観的，感覚的ともいえます．例えば，「ボルト」ならば「スムーズに回る」「錆びない」「緩まない」といった品質評価になります．

一方，生産者にとっての**製品の品質**は，不特定多数の消費者向けの製品の場合，ある規格に適合したものを生産し，出荷判定時のテストによって不合格品（不良品）を市場に出さないようにしなければなりません．客観的，定量的な基準によって取捨選択します．例えば「ボルト」ならば，「スパナのサイズに適合」「径が規格通り」「ピッチが規格通り」などの品質基準に合格しなければなりません（**図9-1**）．

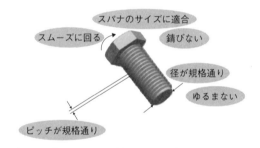

目的とする機能やニーズは判断する人の立場によって異なる

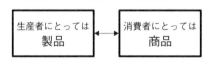

図9-1　製品と商品の違い、見方の違い

生産者にとって合格品（良品）を出荷するためには，製品の品質に影響を与える要因について把握しておくことが必要です．

9.1.3 4つの品質

ソフトウェアの作成において，「利用者から見える商品の品質」と「生産者から見える製品の品質」の観点から，次の4つの品質について述べます（**図9-2**）．

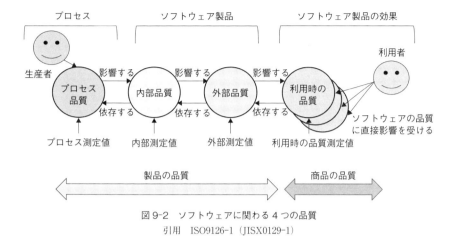

図 9-2　ソフトウェアに関わる 4 つの品質
引用　ISO9126-1（JISX0129-1）

（1）利用時の品質（Quality in Use）

　利用者から見えるのは，**利用時の品質**です．ソフトウェアは，コンピュータで稼働させて必要な機能を使うことで，利用者がその便益を受けます．したがって，そのソフトウェアを使う利用者にとっての品質が，最終的なソフトウェアの品質となります．つまり，同じソフトウェアでも，利用者が異なれば結果（認識される品質の度合）は違います．

　ISO/IEC 25010 利用時の品質モデルによれば，利用時の品質として，次の特性を定義しています（**表 9-1**）．

　品質特性をさらに細分化したものを品質副特性といい，図表の品質特性の下の枠の中に記載しています．

（2）外部品質

　利用時の品質に直接影響するものが**外部品質**です．これは，ソフトウェアが実行されるときの品質のことであり，テストデータを用いたテストの結果（実行時のコードの振る舞い）などが該当します．

表 9-1 利用時の品質

特　性	説　明
有効性 (Effectiveness)	利用者が指定された利用の状況で，正確かつ完全に，指定された目標を達成できるソフトウェア製品の能力のこと．
効率性 (Efficiency)	利用者が目標を達成するために適切な量の資源を利用することができるか否かということ．
満足性 (Satisfaction)	指定された利用の状況で，利用者を満足させるソフトウェア製品の能力のこと．
リスク回避性 (Risk avoidance)	利用者がソフトウェア製品を利用するにあたり，経済状況や生活，環境における潜在的リスクを緩和することができるか否かということ．
利用状況網羅性 (Usage coverage)	想定される指定の状況下で，利用者が問題なくソフトウェア製品を利用することができるか否かということ．

引用　ISO/IEC 25010 利用時の品質モデル

（3）内部品質

　外部品質に直接影響するものが**内部品質**です．ソフトウェアの内部的な特徴で，ソースコードのみならず，仕様書なども該当します．モジュール性（ソフトウェアが適切に構造化され，変更，修正などが局所的なもので済むようになっている性質）や追跡可能性（要求から実現されたものへの関連，および実現されたものから要求への関連を追いかけることができる性質）などが該当します．

（4）プロセス品質

　内部品質に直接影響（依存）するものが，**プロセス品質**です．プロセスとは作業者そのものの能力，スキル，作業の設計／開発のやり方や手順のことです．これら作業者およびマネージャが指揮する手順ややり方の品質が，結果的にすべて

の品質に影響を及ぼすことになります.

9.1.4　外部品質及び内部品質の特性

ソフトウェアの作成について, 生産者から見える製品の品質として, 外部品質及び内部品質の特性（Quality Characteristics）があります. JIS X 25010 によれば, 次の 8 つの特性が定義されています（**表 9-2**）.

表 9-2　外部品質及び内部品質の特性

特　　性	説　　明
機能適合性 （Functional compatibility）	明示された状況下で使用するとき, 明示的ニーズおよび暗黙のニーズを満足させる機能を, 製品またはシステムが提供する度合い. 利用者がシステムを利用する際に必要となる機能が実装されているかどうか, 要求仕様通りのシステムとなっているかを評価する.
性能効率性 （Performance efficiency）	明記された状態（条件）で使用する資源の量に関係する性能の度合い. 利用者が「適切な時間で応答があるかどうか」や「ストレスを感じるかどうか」といった性能を評価する.
互換性 （Compatibility）	同じハードウェア環境, またはソフトウェア環境を共有する間, 製品, システム, または構成要素が他の製品, システム, または構成要素の情報と交換することができる度合い, およびその要求された機能を実行することができる度合い. 利用者がシステムをさまざまな情報機器から利用しても同様に利用できるかどうかを評価する.
使用性 （Usability）	明示された利用状況において, 有効性, 効率性, および満足性をもって明示された目標を達成するために, 明示された利用者が製品, またはシステムを利用することができる度合い. 利用者の要求を満たすために効率的なつくりとなっているか, 年齢やシステムの扱いについての慣れに関係なく誰でも効果的に利用できるか, といった点を評価する.
信頼性 （Functionality）	明示された時間帯で, 明示された条件下に, システム, 製品, または構成要素が明示された機能を実行する度合い. システム内の機能が常に正しく動作し, かつシステム障害が起こらないかどうかを評価する.
セキュリティ （Security）	人間, または他の製品もしくはシステムが, 認められた権限の種類および水準に応じたデータアクセスの度合いをもてるように, 製品, またはシステムが情報及びデータを保護する度合い. 脆弱性を突かれ, 重要情報や個人情報の流出が起こらないかどうかを評価する.
保守性 （Maintainability）	意図した保守者によって, 製品, またはシステムが修正することができる有効性及び効率性の度合い. ソフトウェアを効果的かつ効率的に保守や修正できるか否かを評価する.
移植性 （Portability）	一つのハードウェア, ソフトウェア, または他の運用環境からその他の環境に, システム, 製品, または構成要素を移すことができる有効性および効率性の度合い. 新しい機種や OS に, 速やかに対応できるか否かの度合い. たとえば, サーバーやデータベースの移行を行う場合, システムを容易に移すことができるか否かを評価する.

引用　JIS X 25010

表9-2　（つづき）

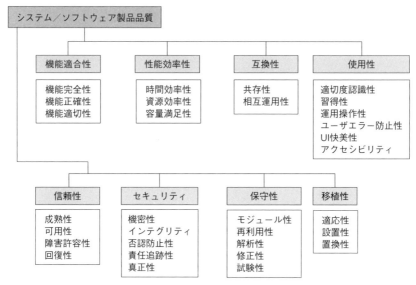

引用　JIS X 25010

　利用時の品質と同様に，品質特性をさらに細分化したものを品質副特性とい
い，図表の品質特性の下の枠の中に記載しています．

9.2　品質マネジメントの計画プロセス

　プロジェクト・マネージャは，品質に留意しなければなりません．システム開
発を低コストで，どれほど短期間に行ったとしても品質が悪ければ，顧客に損害
を与えるためです．

　品質マネジメントの知識エリアには，次の3つのプロセスがあります（**図9-
3**）．

　プロジェクトおよびその成果物への品質要求事項または品質標準を定め，そ
れを順守するための方法を品質マネジメント計画書として文書化するのが，品質
マネジメントの計画プロセスです．

　このプロセスのツールと技法には，データ分析技法がありますが，具体的に

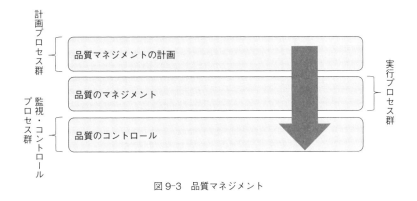

図 9-3　品質マネジメント

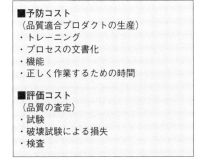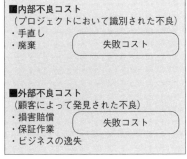

図 9-4　品質コスト

は，**品質コスト**（COQ：Cost Of Quality）のバランスをとることです．品質コストには，予防コスト，評価コスト，内部不良コスト，外部不良コストの 4 種類があります（**図 9-4**）．

① **予防コスト**（prevention cost）
　品質基準に適合したプロダクトを生産するためのコストであり，教育，標準化，文書化など正しく作業を行うために必要なものです．
② **評価コスト**（appraisal cost）
　成果物の品質の良し悪しを査定するためのコストであり，試験，破壊試験による損失，検査など，外部に不良品を出荷しないために必要なものです．

③　**内部不良コスト**（internal failure cost）

出荷前にプロジェクトの内部で見つかった不適合な成果物に関するコストです．これが発生すると，システム開発を後戻りさせることになります．

④　**外部不良コスト**（external failure cost）

出荷後に顧客によって発見された不適合な成果物に関するコストです．つくり直し，損害賠償，保証作業，ビジネスの逸失など多大な損失が発生します．

内部不良コストも外部不良コストも失敗コストと呼ばれます．

品質マネジメントの計画では，どの品質規格がそのプロジェクトに関連するかを特定し，それをどのように満足させるかを決定する必要があります．プロジェクトで作成する成果物は，さまざまな品質規格の中で作成する必要があります．例えば，スマートフォンの製品開発や一戸建ての建築プロジェクトであれば，政府，業界が定めた規格内で作成することが求められます．

品質マネジメント計画書には，プロジェクトが母体組織の品質方針を順守して活動する方法を記述します．具体的には，次のような項目を含みます（**表9-3**）．

品質マネジメントの計画プロセスのアウトプットには，品質尺度があります．**品質尺度**とは，成果物の属性をどのように測定するかを記述するものです．品質尺度の許容される差異は，許容度として定義されます．

具体的な品質尺度の例としては，開発工程別にレビューで摘出すべきエラーの件数や結合テストで摘出すべきバグの件数などのように決めます．この値は，プロジェクトやそのプロジェクトが所属する組織が蓄積した実測値をベースに設定します．

9.3　品質のマネジメントプロセス

組織の品質方針をプロジェクトに組み入れて，組織の品質マネジメント計画を実現させるように品質保証活動を行うプロセスのことです．

表 9-3　品質マネジメント計画書の記載例

項　目	具体例
プロジェクトが使用する品質基準	・レビュー時間＞仕様書枚数×5分 ・システム稼働率＞99%
プロジェクトの品質目標	プロジェクトが達成すべき品質に関する目標のことで，成果物の出荷判定合格など
品質に関する役割と責任	品質保証の責任部門は品質保証部門，システムテストまではシステム部門で開発する．
品質レビューを受けるプロジェクトの成果物とプロセス	WBS のワーク・パッケージを指定する． 「A 仕様書」「B 操作説明書」「C サブシステム」「D モジュール」
プロジェクトのために計画された品質のコントロールおよび品質のマネジメントの活動	仕様書の提出後1週間以内に，品質基準に基づくレビューをし，合否を判定する． システム部門から提出された設計書，モジュール，システムについて品質保証部門が出荷判定を行う．
プロジェクトで使用する品質ツール	QC7 つ道具，新 QC7 つ道具など
不適合，是正処置の手続き，および継続的改善の手続きなど，プロジェクトに関連のある主要な手続き	「不適合が発生した場合の責任部門は指定された期日までに処置を行い，再判定を受けてください」「不具合の原因を分析し，是正処置を講じてください」などといった手続きを記載する．

9.3.1　品質保証（Quality Assurance）

　品質保証とは，要求事項を満足させるために，計画に基づいた体系的な品質活動を確実に実行することです（**図 9-5**）．

　つまり，品質保証とは規制・規格等制限項目を適合させる仕組みづくりであり，規格基準に照らして監視，分析し，欠陥修正，是正，予防を行うことである

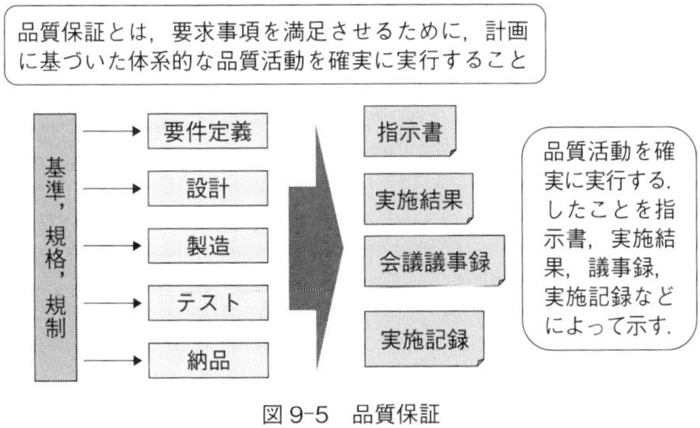

図 9-5　品質保証

といえます．

　品質保証は，要件定義，設計，製造，テスト，納品の開発工程におけるプロセスの定義を行っておくことが前提です．

　要件定義工程では，要求仕様を漏らさないプロセスを持っていること，漏れるかもしれない状況でそれをカバーするプロセスを実行していること，設計工程では，仕様が確実に設計されていることを確認するプロセスがあること，などが前提です．また，テスト工程では，テスト仕様にそれが確実に反映される仕掛けやそれを事前にチェックされる仕掛けを持っていることなどが前提です．

　このプロセスのツールと技法に，品質監査，データ分析，データ表現（QC7，NQC7）があります．

9.3.2　品質監査（Quality Audit）

　品質監査とは，プロジェクト活動が組織とプロジェクトの方針，プロセス，手順に従っているかどうかを体系的に第三者がレビューすることです（**図9-6**）．

　品質監査の目的は，プロジェクトで利用されている非効率的で効果のない方針，プロセス，手順を識別することです．つまり，「定義された品質保証プロセスでは，本来，このような活動を実施することになっている」のですが，第三者が客観的に実態を把握して「実際には，このような活動をしています，その場

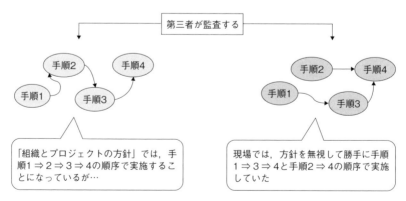

図9-6　品質監査

合，このようなリスクが想定されます」といった助言や指摘も受けなければなりません.

9.3.3　データ分析技法
データ分析技法には，代替案分析，文書分析，プロセス分析，根本原因分析などがあります.

（１）　代替案分析
ある工程での品質保証活動を別の品質保証活動で代替できないか，検討することです.

（２）　文書分析
品質保証活動の定義書としての文書や活動結果の成果としての文書を有効性，論理性，了解性などの観点から分析することです.

（３）　プロセス分析
品質保証活動において発生した問題点や制約条件，付加価値のない活動について検討し，改善していくことです.

（４）　根本原因分析（RCA：Root Cause Analysis）
問題解決の中の一つの方法です．問題や事象の根本的な原因を明らかにすることをねらいとしています．根本原因自身を修正，および除外する試みによって，最高の問題解決を図る考え方を実践することです（**図 9-7**）.

9.4　品質のコントロールプロセス

品質のコントロールプロセスとは，プロジェクトの活動成果を評価し，顧客の期待を満たす成果物を定量的に分析，記録するプロセスです．すなわち，品質管理プロセスのことです（**図 9-8**）.
別の言い方をすれば，品質のコントロールプロセスとは，プロジェクトの成

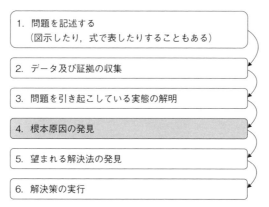

図 9-7　根本原因分析の手順

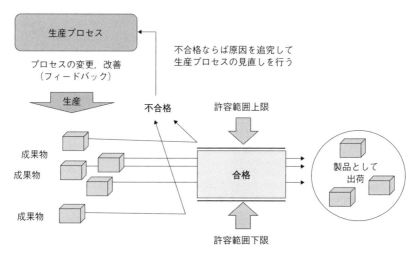

●品質規格（品質尺度）の例
　商品の色，形，味，提供スピード，長さ，重さ，満足度など

図 9-8　品質のコントロールプロセス

果物が品質規格に適合しているかどうかを判断するために，結果を監視し，不満足なパフォーマンスの原因を除去するための方法を決めるプロセスです.

　品質のコントロールプロセスは，計測することが前提になります. この取組みでは，適切な品質特性について目標を設定します.

　留意事項として，具体的に実現できる道筋を描けない目標では意味がありません．目標は少し背伸びをしても届く程度にしますが，そのためにはプロセスの変更を伴うはずです．プロセスの変更に対応してはじめて，効果との因果関係を確認できます．

　品質のコントロールプロセスのツールと技法には，データ収集技法（チェックリスト，チェックシート，統計的サンプリング，アンケートと調査），データ表現技法（QC7 つ道具，新 QC7 つ道具）などがあります．プロジェクト・マネージャに求められる品質マネジメント技法は，10 章で解説します．

Column

■1位じゃないと買ってもらえません■

　大々的にCMをしているテレビの通信販売番組で電気ヒゲソリを購入しました．デザインはなかなかよくて，「いまなら替え刃をつけて特別価格9,800円！」のセールストークが魅力的でした．届いた日から使ってみましたが，チクチクと痛いのです．気のせいかと何度か使ってみましたが，痛くて，これでは使い物になりません．

　そこで，性能重視で別の製品をネットや実店舗で調査することにしました．そして「6枚刃システム，高速リニアモーター駆動」の優れモノを見つけ購入しました．少々高かったのですが，やはり，ひげをそっているときのチクチク感はなく，滑らかで満足しています．結局，価格よりも満足感が最優先だと痛感しました．

　「電気ヒゲソリにとってチクチク感がないこと」は「当たり前品質」であり，これを満たしていない場合には，いくら安くても購入すべきではなかったと思います．

　これは，感度分析（ある品質要因が購入者の要求をどの程度を満たすことができるかという分析）の観点で重要です．顧客が求める最低限の品質を満たさなければ，「安かろう，悪かろう」になってしまい，その製品メーカー，販売店の信用も下落します．

　その後，新しく購入した製品を使い始めると，その前の製品は全く使わなくなりました．

第10章

品質マネジメント（データ表現技法，データ分析技法）

　プロジェクトを推進しているプロジェクト・マネージャには，プロジェクトの状況をステークホルダーに図解でわかりやすく説明できる能力や，問題解決のための技法を身につけておくことが必要です．

　問題事象の背景や構造を理解するための「データ表現技法」や将来予測などの「データ分析技法」も，身につけておくことが必要です．

10.1　データ表現技法

10.1.1　特性要因図

　特性要因図とは，プロジェクトでの問題が発生した場合，取り上げた問題点に対してその原因を全員で提起し視覚的にまとめ，重要と思われる要因について的を絞って効果的に改善を推進していくための技法です．魚の骨のような形をしているのでフィッシュボーン・チャート（Fishbone chart）ともいいます．要因の要素として，5M+1E（Man, Machine, Material, Method, Measurement, Environment）の切り口で体系的にまとめ，現場に即した言葉を記入します（**図10-1**）．

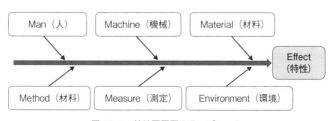

図10-1　特性要因図のテンプレート

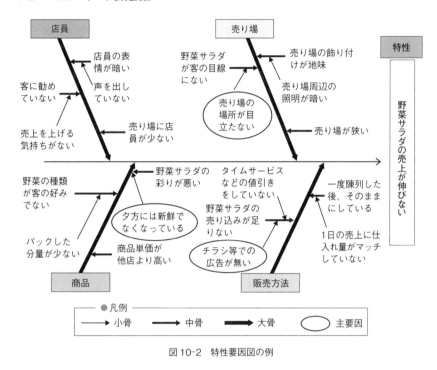

図 10-2 特性要因図の例

　もう少し具体的に，生鮮野菜売り場の事例を使って，特性要因図の作成手順
について説明します（**図 10-2**）．

手順 1. 特性（問題点）を決める．
手順 2. 大骨を記入する．
　　　　特性が起きる要因として考えられる大きな要因を挙げ，それを大骨とし
　　　　て矢印で記入する．
手順 3. 中骨，小骨を記入する．
　　　　大骨の特性の起こる要因を考え，中骨を作成し，次に小骨を作成する．
　　　　重要な要因については，「なぜ」を繰り返し，より小さな小骨まで作成
　　　　し問題点を追及する．
手順 4. 記入もれをチェックする．
手順 5. 影響の大きいものを主要因（原因）として赤丸を付ける．

手順6. 特性要因図を作成する際は，できれば参加者全員でブレーンストーミングを行って意見を出し合い進める.

手順7. 改善を行う.

10.1.2　ヒストグラム

ヒストグラムは，データのばらつき状態をグラフで表して，データの特性を知ろうとするものです（**図10-3**）.

　一般的な形状は平均値が高く，中央から離れるに従って低くなる傾向にあります. ヒストグラムの形状は，横軸にデータ範囲，縦軸に度数をとった柱状図です. 横軸はデータ範囲をいくつかに分けて区分化し，縦軸は各データ範囲に納まるデータの個数を柱の高さで表します.

　ヒストグラムの形状には，左右対称である正規分布型があります. これはモデル化しやすく，データの記述やデータの予測の際に取り扱いやすいものといえます. データによっては，右に歪んだ分布や左に歪んだ分布になることがあります. 例えば，右に歪んだ分布は，難しいテストの成績の分布であり，左に歪んだ分布は，簡単なテストの成績の分布に現れます（**図10-4**）.

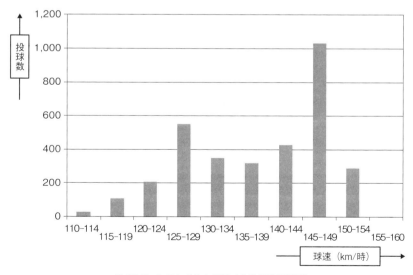

図10-3　ヒストグラムの例（ある投手の球速）

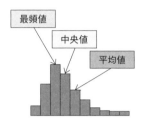
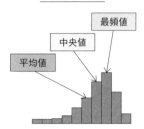

図 10-4 右に歪んだ分布と左に歪んだ分布

　ヒストグラムの中に一つだけデータが離れて存在するような「離れ小島型」になることがありますが，これはそのデータが正しく計測されたものか否かを確認し，計測ミスが明らかであれば，除去して考えるべきでしょう．

　また，ヒストグラムの形状が「二山型」または「複数山型」になることがありますが，これは平均値の大きく異なる分布が混ざっていることが考えられますので，層別（10.1.3 参照）を行って山が一つだけの「単峰型」のヒストグラムにして検討を行うことが必要です．

10.1.3　層　別

　層別とは，一塊のデータを，ある特徴によって，いくつかのグループに分けることです．例えば，

・原料で分ける（メーカー別，ロット別，産地別，サイズ別など）

・機械で分ける（加工方法別，号機別，工程別，新旧機械別，治工具別など）

・人で分ける（経験別，年齢別，男女別など）

・時間で分ける（日別，週別，月別，曜日別など）

などによって，ヒストグラムの形状の原因が明確になることがあります．

　先に示したヒストグラムの例は，ある投手の球速のヒストグラムですが，球種別に層別すると，それぞれ単峰型のヒストグラムになります（**図10-5**）．

10.1.4　パレート図

　パレート図は，多くの要因の中から最も重要なものを可視化するための図法です（**図10-6**）．

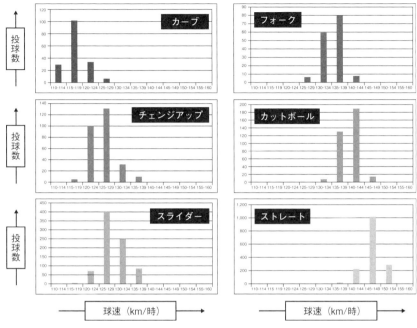

図 10-5　球種別の球速ヒストグラム

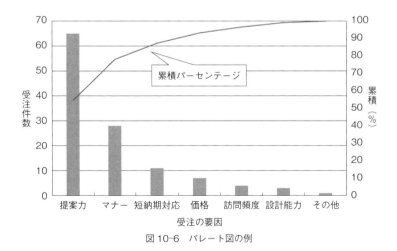

図 10-6　パレート図の例

　この図法は，しばしば，欠陥の最も一般的な原因，最も起こりやすい欠陥の種類，顧客の苦情のうち最も頻度の高い理由などを表します．この図法は，パレートの法則（80：20の法則）の説明の際によく活用されます．パレートの法則とは，約80％の結果は，約20％の原因によってもたらされるというものです．

　パレートの法則が当てはまる例としては，次のような事象があります．

・ビジネスにおいて，売上の8割は全顧客の2割が生み出す．したがって売上を伸ばすには，顧客全員を対象としたサービスを行うよりも，2割の顧客に的を絞ったサービスを行うほうが効率的である．

・仕事の成果の8割は，費やした時間全体のうちの2割の時間で生み出す．

　これらが示唆するのは，2割という数値が正確ということではなく，一つの仮説として，強い影響を与えている要因を抽出して重点的に対策を行えば，大きな効果があるということです．強い影響を与えている要因，すなわち，数は少ないが非常に大きな影響を与えるものを「vital few」といい，逆に，数は多いが小さな影響しかないものを「trivial many」といいます．パレートの法則によって「vital few」を見つけ，効果の大きい対策を策定できます．

10.1.5　散布図

散布図は，2つの変数間の関係のパターンを示しています（**図10-7**）．

　品質マネジメントチームは散布図を利用して，1つの変数の変化が他の変数の変化とどのように関係するかを調査することができます．

　散布図の例としては，「プログラミング経験とプログラム生産性」「ファンクションポイント数と開発規模見積り工数」「システム規模とソフトウェア生産性」などが，システム開発では，よく使われます．

　散布図では，2つの変数（xとy）間の相関係数rをみることがありますが，次の式で定義されています（**図10-8**）．

　相関係数は，$0.0 \leq |r| \leq 1.0$の範囲で，2つの変数の相関の強さをみることができます．

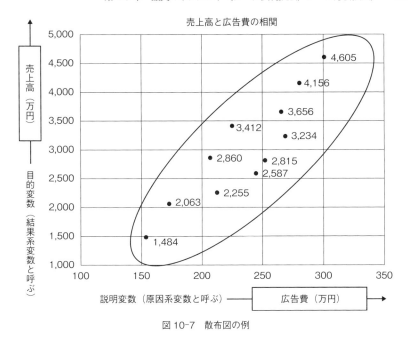

図 10-7　散布図の例

$$r=\frac{\frac{1}{n}\sum_{i=1}^{n}(x_i-\overline{x})(y_i-\overline{y})}{\sqrt{\frac{1}{n}\sum_{i=1}^{n}(x_i-\overline{x})^2}\sqrt{\frac{1}{n}\sum_{i=1}^{n}(y_i-\overline{y})^2}}$$

$0.0\leq|r|\leq0.2$	ほとんど相関がない
$0.2\leq|r|\leq0.4$	弱い（低い）相関関係
$0.4\leq|r|\leq0.7$	中程度の相関関係 かなり（比較的強い）相関関係
$0.7\leq|r|\leq1.0$	強い（高い）相関関係

図 10-8　相関係数

10.1.6　管理図

　管理図とは，ある成果物を生成しているプロセスが安定しているか否かを判断するための図表です（図 10-9）.

　管理図は生産された成果物のデータが管理限界の内側に収まっているかどうかをみるだけではなく，たとえ収まっていたとしても，「徐々にデータが高い値

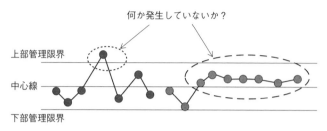

図 10-9　管理図の例

に動いている」「特徴的な並びが出ている」などの状態を確認することもできます．こうした状態では，いずれ限界点を超えた不良品が出てくることが予測されます．システムが停止する事態を避けるために，予防保守を行うこともできます．

10.1.7　チェックシート

　チェックシートとは，あらかじめ確認する項目を決めておき，その内容を簡単にチェックできるようにした表または図のことです．事実を確認したり，項目別の情報を簡単に取得できるように工夫します．

　チェックシートには，記録用チェックシートと点検用チェックシートがあります（**図 10-10**）.

不良品発生記録用チェックシート						点検用チェックシート		
		9月1日	9月2日	9月3日	計	1	蛍光灯を消したか	☑
No	項目	田中	伊藤	伊藤		2	エアコンを消したか	☑
1	こすりキズ		1	2	3	3	水道を止めたか	☑
2	寸法不良	2	3	2	7	4	ガスを止めたか	☑
3	断面不良		2	1	3	5	鍵を持っているか	☑
4	剃り		1	1	2	6	荷物を持ったか	☑
5	異物混入	1			1	7	財布を持っているか	☑
6	光沢不良			1	1	8	ドアを閉めたか	☑
7	バリ付着		1		1			
8	凹み	1			1			
	合計	4	8	7	19			

図 10-10　チェックシートの例

　記録用チェックシートは，記録したデータをグラフ化すれば，全体としてどの項目に集中しているのかを把握できます．

　点検用チェックシートは，確認しておきたい事項を列記した表です．事故や間違いを防止できます．

10.1.8　グラフ

グラフは，2つ以上の数量や関数の関係を図形に示したものです．

　グラフには，折れ線グラフ・棒グラフ・帯グラフ・円グラフ・レーダーチャートなどの種類があります．

① 折れ線グラフ

　時間的な量の変化を表します．時間的な傾向を把握することに適しています．点と点を結ぶ線の集合として表示されるので，データ数が多くても容易に表現できます．

② 棒グラフ

　縦軸にデータ量をとり，棒の高さでデータの大小を表したグラフです．縦横が逆の場合もあります．項目別の数値の比較に適しています．

③ 帯グラフ

　棒グラフと同じように数値の比較に適していて，さらに内訳を表すことができます．全体とその構成要素の割合を同時に把握できます．

④ 円グラフ

　全体に対する各項目の割合を示します．二重円グラフにすると割合の変化を把握できます．

⑤ レーダーチャート

　各項目の値を中心点からの比較で表現します．項目別に，全体における水準を把握できます．

10.1.9　親和図法

親和図法は，テーマについて事実，意見，発想などの情報を集め，言語データにしてカードに書き出していきます（**図 10-11**）．

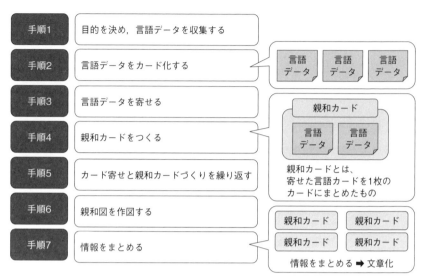

図 10-11　親和図法の作成手順

　そしてカード間の類似性をもとに統合した図をつくり，出来上がった親和図を読み取ることで，問題点を明らかにします．

　親和図法が活用される場面は，まだ関連性のない情報，発想，イメージなどが生まれている状態であり，これらが散在して混沌としている状態です．この状態から参加者が言語データを生成し，関連性の高いものを親和データとして統合していきます．

　親和カードは，さらにグループ化され全体の関連性がわかります．親和カードを使って文章化して説明すれば，わかりやすく表現できます．

10.1.10　連関図法

　連関図法は，原因と結果，目的と手段などが複雑に絡み合った問題について，因果関係や要因相互の関係を明らかにしていきます（**図 10-12**）．

　問題には，その問題発生の原因があります．これを一次要因といいます．例えば，「階段から転んでけがをした」という問題が発生したときに，「よく足元を見ていなかった」「眼鏡をかけていなかった」などが考えられます．さらに，一次要因の原因となる二次要因があります．例えば，「ほかのことを考えていた」

「慌てていて眼鏡をかけ忘れていた」などです．

　連関図法は，このようにある問題からその原因を一次要因，二次要因と図解しながら考えていきます．

　連関図法を用いると，平面上に連関図が広がっていくに従い，新たな発想が生まれ，要素と要素の間にある新しい要素が見えてくることもあります．関係の矢線が集中する箇所は，他の要因との関連が強く，重要な要因であると考えられ，解決への道が発見できる場合もあります．

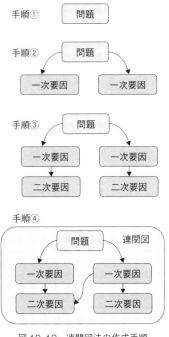

図 10-12　連関図法の作成手順

10.1.11　系統図法

　系統図法は，「目的を達成するための手段」「ある手段を目的として，それを達成するための手段」と系統的に展開することにより，問題の全容を明らかにするとともに重点事項を明確にして，目的を達成するための最適手段・方策を追求していく図法です（**図10-13**）．

　目的を達成するには，そのために何が必要かを検討して，一次手段を見つけなければなりません．

　次に，この一次手段を実現するためには，そのまま実現可能なものか検討します．その実現のために，さらに二次手段を考えなければならない場合もあります．例えば，「健康な生活を営む」という目的を実現するために，一次手段として「減量して適正な体重にする」を思いついたとします．これを達成するための二次手段として「スポーツジムに通う」「暴飲暴食を避ける」といった活動が思いつきます．

　このように，目的と手段が繰り返されていきます．このように達成すべき目的を図解で分解していくことで，全体を把握できるのです．

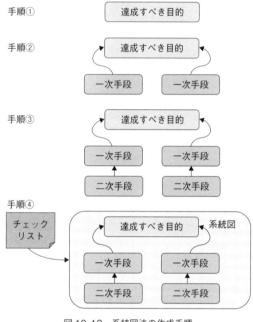

図 10-13　系統図法の作成手順

10.2　事象のデータ分析技法

　プロジェクトでは，多くの成果物や人的資源に関するデータ分析が行われます．成果物や人的資源に関する事象のデータ分析には，質的調査の技法やデータを統計的に分析する量的調査の技法が必要となります．

10.2.1　質的調査

　質的調査とは，数値や統計では把握しにくい人々の意識や，とらえたい事象の成り立ちを理解し，再構成して提示することを目指す調査のことです．調査対象となる人に対するインタビューや日記などの「テキスト分析」，調査に適切な数人を集めて自由に話をしてもらう「会話・表情の分析」，関心の高さを把握するための「挙動の分析」など，量的調査が対象としない定性的な情報について，多岐にわたり入手し仮説を立てます．

10.2.2　量的調査

量的調査とは，事象の量的な側面に着目し，数値データを統計処理して評価する調査のことです．

質的調査で立てた仮説が妥当かどうかを検証するために，量的調査によって大量データを得て統計的な分析を行い，検証していきます．

10.3　アンケートと調査

質的調査で，何を明らかにしたいのかという仮説が不明確なまま調査をすると，調査結果を得たとき，事実は示されたが問題解決に結びつかない結果に終わる危険性があります．インタビューとは，心の中をのぞくことですから，仮説がなければ心の中の動きや考え方や重要な言葉や表情を見逃してしまう可能性が高いのです．アンケートの実施前に，仮説を裏付けるためのどのような結果を得たいのかを明確にしておくことが必要です．このような進め方を仮説検証法といいます．仮説の真偽を，事実に基づいた実験や観察などを通じて確かめることです．仮説検証の進め方を以下に示します．

手順 1.　現状の把握・状況の観察
　　　　仮説を立てる前に，その根拠となる事実，現在の状況を把握します．
　　　　例えば，新型コロナ感染症が日本に広まり始めたころ，クルーズ船で，
　　　　多くの新型コロナ感染者が確認されました．

手順 2.　仮説の設定
　　　　仮説とは，物事を考える際に最も確かだと考えられる「仮の答え」の
　　　　ことです．この事例では，「新型コロナは，三密で罹患しやすいのでは」
　　　　という考えが仮説になります．

手順 3.　仮説の検証
　　　　調査，実験，観察等を行い，その結果を分析することなどによって，仮
　　　　説が正しいかを確かめることです．この仮説の検証は，客観的に，かつ

論理的に行うことが必要です．仮説が正しくない場合には，その仮説と
検証結果を踏まえた上で，再度仮説を立て，検証を行うサイクルを回し
ていきます．この事例では，「三密ならば罹患しやすい」かつ「三密で
ないならば罹患しにくい」ことを証明することがこの仮説の検証になり
ます．

10.4　統計的サンプリング

　統計的サンプリングとは，母集団を代表する標本を抽出し，母集団の特性値
を推測することや，母集団がどのような集団であるかを検定することです（**図
10-14**）．
　母集団の要素を全て調べることを，全数調査（センサスサーベイ），または悉
皆調査といいます．これは母集団を正確に分析することができますが，大変な時
間とコストがかかります．
　しかし，迅速に，限られたコストで母集団がどのような集団なのかを知りた
いというニーズもあります．そのような場合に，統計的サンプリングが有効で
す．これを標本調査（サンプルサーベイ）といいます．サンプルに求められる要
件は，母集団を代表していなければなりません．

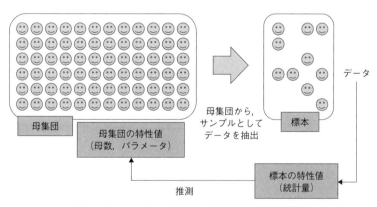

図10-14　サンプルの特性値から母集団の特性値を推測

第11章

資源マネジメント

　資源とは，プロジェクトのリソースであり，人的資源と物理的な資源を指しています．システム開発プロジェクトの場合は，コストの大部分が人件費であり，人の育成によっては，パフォーマンスに大きな差がでてきます．したがって，プロジェクト・マネージャは，プロジェクト・メンバーの獲得，育成，マネジメント，動機づけ，および権限移譲に慎重に注意を払うことが求められます．プロジェクト・メンバーの自律的な行動に期待して，プロジェクトの計画と意思決定にはチーム・メンバー全員が関与することが望ましいです．計画策定のプロセスにチーム・メンバーが参加することによって，プロジェクトへの参加意欲が高まります．

　また，プロジェクトによっては，物理的な資源の調達や性能がプロジェクトのパフォーマンスに大きく影響することがあります．物理的な資源の調達の遅れや性能の劣化は，プロジェクト・メンバーのモチベーションにも影響します．

　資源マネジメントとは，人的資源と物理的な資源の獲得計画，必要数量（人数）の見積り，獲得，育成とマネジメント，コントロールを行うことです（**図11-1**）．

11.1　資源マネジメントの計画プロセス

　物的および人的資源を見積もり，獲得し，育成し，マネジメントする方法を計画するプロセスです．人的資源の獲得には，組織の環境要因が影響します．組織体の環境要因とは，組織文化，組織構造，施設や資源の地理的分布などです．現実の問題として，プロジェクト・マネージャは，プロジェクト・メンバーを自由に選べることは，ほとんどありません．当然ながら，組織としても限られた人

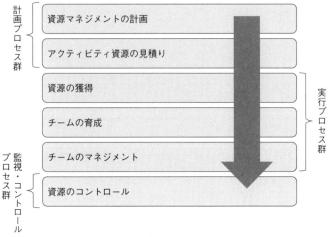

図11-1　資源マネジメント

的資源しか保有していないため，プロジェクト・マネージャが要求するプロジェクト・メンバーを適時，適切に充当させることは困難です．プロジェクトの成否が，資源マネジメントの計画プロセスに依存していると言っても過言ではありません．

11.1.1　資源のデータ表現方法

このプロセスのツールと技法には，資源のデータ表現方法として，階層構造図，責任分担マトリックスがあります．

組織ブレークダウン・ストラクチャー（OBS：Organization Breakdown Structure）は，組織の部門名を階層構造に記載した図です（**図11-2**）．

資源ブレークダウン・ストラクチャー（RBS：Resource Breakdown Structure）は，プロジェクトで必要となる資源を階層構造で表した図です．人的資源，材料，機器，消耗品などを，スキル・レベル，等級レベル，プロジェクトに応じたその他の情報に合わせて獲得することが求められます．RBSには，こうした各資源の単位，および単価なども記述しておきます．

制約条件の多い組織の中で，RBSに記載されている人的資源や物理資源を適時に獲得することは，プロジェクトの成否の要因にもなり，大変重要なプロジェ

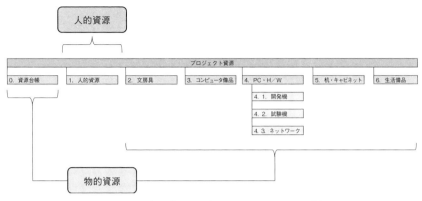

図11-2　資源ブレークダウン・ストラクチャーの例

クト・マネージャの要件です.

　責任分担マトリックス（RAM：Responsibility Assignment Matrix）は，責任分担表，役割分担表とも呼ばれます（**表11-1**）.

　なお，責任分担マトリックスの中に用いられる「A」はAccountability（説明責任），「R」はResponsibility（実行責任），「I」はInformed（情報提供），「C」はConsultation（相談対応）を表します.

　それぞれの意味は，次の通りです.

　● 「R」：実行責任は，実際の作業を行う役割です．複数存在することもあります.
　● 「A」：説明責任は，作業の完了を承認し，全体に責任を負う役割です.
　● 「C」：相談対応は，作業遂行に必要な情報や能力をもっている役割で，専門的な観点で相談に乗ります.

表11-1　責任分担マトリックス

アクティビティ	責任分担マトリックス				
	リーダ	サブリーダ	SE	プログラマ	専門家
分析	A	R	R		C
設計	I	A	R		C
製造	I	A	R	R	C
テスト	A	R	R	R	C

● 「I」：情報提供は，進捗と成果について報告を受ける役割です．

このように「R」，「A」，「C」，「I」の記号を使ってプロジェクトの役割分担を表現する書き方を **RACI チャート**といいます．

11.1.2　組織論

また，このプロセスのツールと技法には，組織論があります．組織論には，マクロ組織論とミクロ組織論があります．

マクロ組織論とは，社会集団としての組織の構造やデザインを問題にしており，アプローチは社会学的です．組織目標を達成する上で，どのような組織構造にするかなどを取り扱うことに主眼を置いています．例えば，プロジェクトの母体組織が，単一組織であるか，階層組織であるかによって，コミュニケーションの取り方が異なります **（図 11-3）**．

単一組織の場合は，個人経営のレストランのように，単一地域で，単一製品・サービスを提供する事業においてよく見られる形態です．タスクの専門化度が低いので経営者が細部まで見通せ，強力なリーダーシップを発揮できる場合に向いている組織形態といえます．人数が少ないため，非公式なコミュニケーションで充足します．

階層組織の場合は，さまざまな地域に，多様な製品・サービスを提供する事業

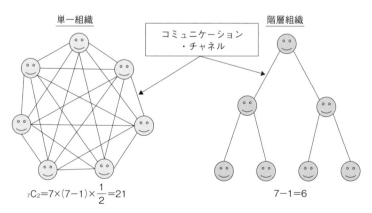

図 11-3　単一組織と階層組織

においてよく見られる形態です．製品・サービスごとに役割分担された組織構造です．タスクの専門化度が高く，事業を行う部門ごとに自己完結型で業務を果たす組織になっていなければなりません．このため指揮命令を簡潔なものに徹底する必要があります．

例えば，単一組織に 7 人のメンバーがいた場合には，数学の組合せ（Combination）を使って情報交換のために 21 本のコミュニケーション・チャネルが必要となります．

一方の階層組織に 7 人のメンバーがいた場合には，6 本のコミュニケーション・チャネルで指示が伝わることになります．

ミクロ組織論は，分析対象を組織内のメンバーや小集団に置き，個人の個性，態度，集団におけるメンバーの相互作用から生まれる凝集性，集団圧力，リーダーシップ，モチベーションなどを要素として，理論モデルを構築しようとする理論分野です．組織内のメンバーの行動に焦点を当てたもので，主なアプローチは心理学的です．組織目標を達成する上で，どのように個人や集団に働きかけるかなどを取り扱います．

11.1.3　資源マネジメント計画書，チーム憲章

資源マネジメント計画書は，プロジェクトマネジメント計画書の構成要素の一つです．プロジェクトに必要とされる資源の整理，獲得とマネジメント，その後の離任などのガイドラインを提供するものです．

資源マネジメント計画書には，次の項目を記載します（**表 11-2**）．

チーム憲章とは，チームの価値観，コミュニケーションのガイドライン，意思決定の基準とプロセス，コンフリクト（利害対立）の解決プロセス，会議のガイドライン，チームの合意方法を確立するための文書です．チーム憲章の事例として次のようなものがあります（**図 11-4**）．

チーム憲章を共有することで，チームでは何を大切にするのかを明示し，共通の価値観を共有することで，チームの一体感を醸成することができます．

チームとグループは，違います．

チームは，メンバー全員が 1 つの目的やゴールを達成するという意思のもとに集まった・集められた集団で，共同作業を実行する集まりのことです．

表11-2　資源マネジメント計画書

項　目	内　容
資源の特定	プロジェクトに必要なメンバーと物的資源を特定し，必要量を設定する方法
資源の獲得	プロジェクトに必要なメンバーと物的資源の獲得方法
役割と責任	メンバーの役割，権限，責任，コンピテンシー
プロジェクト組織図	プロジェクト・チームとメンバー，連絡報告関係
プロジェクト・チーム資源のマネジメント	プロジェクト・チーム資源の定義，配置，マネジメント方法，セキュリティ対策など，最終的な離任を行う際の手順
トレーニング	メンバーのためのトレーニング方法
チーム育成	プロジェクト・チームの教育・訓練方法
資源のコントロール	物的資源の獲得から廃棄に至るまでの手順やマネジメント方法

■ゴールが困難でも，目的を皆が理解していて，そこへ向かう過程を楽しんでいる．
■ゴールを達成することで得られる報酬以上に，**チームで活動すること自体から得られる**"刺激"や"やりがい"，"達成感"を求めている．
■「失敗しないこと」ではなく，「達成すべきゴール」に焦点を当てている．
■仲間の間での意見の衝突を恐れない．意見をぶつけ合うことから新しい価値が生まれることを知っている．
■それぞれが責任を果たすことに誇りを持っている．
■お互いのよいところを認め合い，敬意を持って接している．
■誰も集団のために自己犠牲をする必要がない．
■誰かが犠牲となってゴールを達成することは美徳ではないと知っている．

図11-4　チーム憲章の例

　グループは，単に人の集まりのことです．明確なゴールがなくても，人の集まりにはなりますが，それではチームとは呼べません．

11.2　アクティビティ資源の見積りプロセス

　プロジェクト作業を実施するために必要なチームの人的資源および物的資源の種類と数量を見積もるプロセスです．

　このプロセスのアウトプットは，資源要求事項，見積りの根拠，資源ブレークダウン・ストラクチャーなどになります．

　資源要求事項と見積りの根拠については，ワーク・パッケージを作成す

るため，またはワーク・パッケージを作成するためのアクティビティを行う
ための人的資源や物理的資源の要求レベルや必要量を記載することになりま
す．ITシステム開発で必要とされる人材の種類は，**情報処理推進機構**（IPA：
Information-technology Promotion Agency）がITを利活用する者，情報
処理技術者，高度情報処理技術者を定義しています．高度情報処理技術者には，
ITストラテジスト，システムアーキテクト，プロジェクト・マネージャ，ネッ
トワークスペシャリスト，データベーススペシャリスト，エンベデッドシステム
スペシャリスト，ITサービスマネージャ，システム監査技術者などがいます．

　プロジェクト・マネージャは，自身が責任を持つプロジェクトの各アクティビ
ティを遂行できる人的資源の要求事項と見積りを設計し，獲得していくことが求
められます．この仕事は，この人物とこの物理的資源があれば，できるだろうと
いう見込みの正確性が重要であり，かつ現実の所属組織やパートナーの中から，
必要とするスキル・レベルの人物を獲得しなければなりません．

‖11.3　資源の獲得プロセス

　現実問題として，限られたコストの中で，プロジェクト作業を遂行するため
に必要となるチーム・メンバー，設備，装置，資材，などの資源を確保するため
のプロセスです．このプロセスのツールと技法の中に，先行割当（先行任命）や
バーチャルチームがあります．

　先行割当とは，プロジェクト・メンバーが，事前にプロジェクトに参画するよ
うに依頼されている，または任命されていることです．「あの人またはあのチー
ムがプロジェクトに参加してくれるなら御社に発注しましょう」といった約束で
発注される案件があります．競争入札の一部として特定の要員の任命を約束して
いる場合や，あるプロジェクトが特定の個人の専門知識に依存している場合，ま
たは一部の要員の任命がプロジェクト憲章で定められている場合などが該当しま
す．

　バーチャルチームとは，相互にほとんどあるいは全く顔を合わせないで役割
を果たす，共通の目標を持ったチーム・メンバーのことです．最近では情報通信
の発展により，仮想空間上にプロジェクトルームを設定し，情報共有すること

が自由にできるようになりました．海外や国内でも移動時間を考えれば，手軽に情報共有やコミュニケーションが取れるバーチャルチームという場をつくることは必須の要件となっています．バーチャルチーム環境での留意点としては，一度は対面でコミュニケーションを行った上でチーム活動に参加することが望ましいです．人がコミュニケーションをする際に「打ち解ける感覚」を持つことが必要なのです．プロジェクト活動では，プロジェクト・メンバー間では，「仲間として打ち解けたコミュニケーション」が必要となる場面が多いのです．バーチャルチームの場合，形式的な情報交換といった面が多く，一度は，対面でコミュニケーションした上で気心が知れた中でのバーチャルチームにしたほうが望ましいといえます．

11.4　チームの育成プロセス

　獲得した人的資源は，チームとしてプロジェクトの成果に貢献できるように育成することが必要です．すなわち，このプロセスは，プロジェクトのパフォーマンスを最適化するために，コンピテンシー，チーム・メンバー間のコミュニケーション，交流，チーム環境全体を改善するプロセスです．

11.4.1　コンピテンシー
　ここで，**コンピテンシー**とは 優れた成果を創出する個人の能力・行動特性のことです．プロジェクト活動に必要なコンピテンシーとして，次のようなものがあると考えています（**図 11-5**）．

11.4.2　タックマンのチーム育成モデル
　チームの育成プロセスでは，**タックマンのチーム育成モデル**（タックマン・モデル）を知っておく必要があります（**図 11-6**）．
①　成立期
　チーム・メンバーが初めて顔を会わせ，プロジェクト・マネージャからプロジェクト計画の説明やプロジェクトにおける役割と分担などを聞きます．初対面のため，まだお互いに，よそよそしく閉鎖的になりやすいものです．こ

図11-5　プロジェクト活動に必要なコンピテンシー

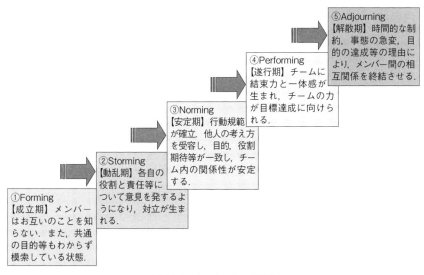

図11-6　タックマン・モデル

の段階では，プロジェクト・マネージャがキックオフミーティングなどを行って，意識的に打ち解ける会話などを行うことが望ましいです．

② **動乱期**

メンバーは，役割に応じてプロジェクトの仕事を始めます．それぞれのプロジェクト・メンバーは，これまでの成功体験に基づいて自分なりの進め方で仕事をこなそうとします．そのため，メンバーは非協調的な態度や異なる進め方や考え方に対して対立的になる場合があり，コンフリクトが発生し，非生産的なチーム環境になることがあります．しかし，この動乱期は長さの長短はあれ，避けることは困難です．プロジェクト・マネージャにとって重要なことは，チーム形成のために動乱期を避けず，いかに早く通過し，チームとして一体感を醸成していくかの工夫をすることです．

③ **安定期**

プロジェクト・メンバーが自分の習慣や行動について，自ら調整をはじめ徐々にチームとしての信頼関係を構築するようになります．チームとしての行動規範が確立され，一体感が生まれます．

④ **遂行期**

チームとしての役割分担と責任が共有され相互に依存関係を保ちながら，現状の問題の解決や課題の達成に向けて円滑にかつ効率よく対処できるようになり，チームの高いパフォーマンスが発揮されます．

⑤ **解散期**

プロジェクト・メンバーは，仕事を完了し，相互関係を終結させ，プロジェクトから離任していきます．

11.4.3 チームの育成プロセスのツールと技法

チームの育成プロセスのツールと技法には，コロケーション，コミュニケーション技術，人間関係とチームに関するスキル，表彰と報奨，トレーニング，個人およびチームの評価などがあります．

コロケーションとは，プロジェクト・チームの全員または大部分を1か所に集めることです．これをコロケーション戦略と呼ぶことがありますが，この場所のことを**作戦室**（War Room）といいます．作戦室は，電子通信機器，スケ

ジュールの掲示場所などのコミュニケーションと連帯感を強化するための設備を備えたプロジェクトの作業室です.

　作戦室のメリットは, プロジェクト・メンバーの緊張感が伝わり, プロジェクトの異常事態に全員がすぐに気づき, 指示・伝達がスムーズに行えることです.

　人間関係とチームに関するスキルとしては, コンフリクト・マネジメント, 影響力, 動機付け, 交渉, チーム形成などがあります.

11.4.4　コンフリクト・マネジメント

　コンフリクト（conflict）とは, 利害対立のことであり, コンフリクト・マネジメントとは, パフォーマンスの高いチームにしていくために, 利害対立を建設的に解消していくことです.

　コンフリクトは, タックマン・モデルの動乱期において頻繁に発生するものであり, プロジェクト・マネージャは, コンフリクトの発生に関して当事者意識をもって, 積極的に関与することが望まれます.

　プロジェクト運営にあたって, コンフリクトについては, 次のような見方をしておくことが必要です.

- コンフリクトの発生は, 各メンバーとも育ってきた環境が異なるため, 当然のこととしてとらえるべき.
- コンフリクトは, チームの課題として最優先で対処すべき.
- コンフリクトの解決にあたっては, オープンであることが求められる.
- コンフリクトの解決にあたっては, 過去にではなく, 現在に焦点を当てるべき. なぜならば, 過去は変えられないため.

　コンフリクトの軽減には, 早期にチームの行動規範を決めることが有効です. 行動規範は, チーム・メンバーとして, 容認できる行動についての明確な期待を設定するものです. チーム形成の初期段階で明確な指針を確立しておくことにより, 誤解が減り, 生産性が向上します. また, 行動規範について, 議論する過程で, チーム・メンバーは, お互いにとっての重要な価値を見いだすことができます.

11.4.5 トーマスとキルマンの葛藤対処モード

コンフリクトが発生したときに，一般的に，人には，その解消を図るために，次の5つの対処の仕方があるといわれています．**トーマスとキルマンの葛藤対処モード**といわれる対処の仕方です（**図11-7**）．

「回避的な対処」とは，その場で解決しようとはせず，対立する状況そのものを回避する方法です．例えば，仲間が激論しているときに，我関せずとパソコンばかり触っている，議論に参加しないという対処方法です．

「受容的な対処」とは，議論を避け自分の要求を抑えて相手の要求を受け入れることで解決しようとする方法です．相手と同意できる部分を強調し，相手との関係維持を図る対処方法です．自分の考えを述べない，無条件に意見を引っ込める，自分が折れて相手を立てる対処方法で，Lose-Win な対応といえます．

「競争的な対処」とは，相手を犠牲に（説得）して自分の利益を押し付ける，単純に自分が勝って相手を負かす Win-Lose な対応という解決方法です．「そんな考えは，〜としては失格だ」「そんな考えでは全然ダメだ」「そうではない，私の考えでやるべきだ」など，相手を全否定する対処方法です．このような対応をされると相手は，心の中では大きな反感を持つことになります．

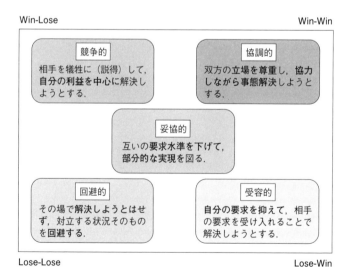

図11-7　トーマスとキルマンの葛藤対処モード

　「妥協的な対処」とは，互いの要求水準を下げて部分的な実現を図る対処方法です．自分の意見を十分に伝えず，50-50で妥協する対処方法です．一見，良さそうなのですが，もっと満足できる解決策があるかもしれないのに，十分議論することなく結論付けてしまう対処方法であり，中途半端な満足に終わるかもしれません．

　「協調的な対処」とは，双方の立場を尊重し，協力しながら事態解決しようとする対処です．異なる観点からさまざまな視点や洞察で問題解決を図ろうとする態度です．協調性のある姿勢とオープンな対話ができるスキルを必要とします．これによってお互いに利益のあるWin-Winな状況をつくり出す可能性があります．コンフリクト・マネジメントは，参加者全員が協調的な対応をして実りの多い結論を得るための取組みです．この対処は，問題解決のベストアプローチですが，感情的にならずに冷静に話し合えることや問題解決のプロセスには時間が必要であり，それだけの心の余裕があるかが鍵となります．

11.4.6　影響力，動機付け，交渉

　影響力とは，組織やステークホルダーへの説得力や状況報告，傾聴力，信頼関係維持と合意形成のための対応力などで，プロジェクトの成功に重要なスキルです．プロジェクト・マネージャに必要なスキルとして，一人で抱え込まず組織を動かしていくという重要な影響力を持つ必要があります．

　動機付けとは，プロジェクト・メンバーが主体的かつ自律的に行動できるように意識づけることです．このプロジェクトにおいて，そのメンバーが主体的かつ自律的に活動することによる成果とメリットに気づかせることが大切です．

　交渉については，プロジェクト・マネージャは，さまざまな相手と交渉することが求められます．交渉相手は，顧客のトップや顧客の窓口担当者，プロジェクト・スポンサーとしての上位上司，組織の長，PMO（Project Management Office），営業部員，プロジェクト・メンバー，購買部門担当者，外注会社営業，外注会社メンバーなどがいます（**表11-3**）．その交渉相手に，プロジェクトの成功に向けて交渉を重ねます．

表 11-3　プロジェクト・マネージャの交渉相手と交渉要件

交渉相手	報告および交渉内容
顧客のトップ	次期システム開発に関する相談
顧客の担当者	現在の開発に関する進捗状況，品質状況，問題発生と解決状況
プロジェクト・スポンサー（組織の長，上位上司）	プロジェクトの進捗や品質およびコスト発生状況・見通し，問題発生状況と解決策
PMO（Project Management Office）	定量的なプロジェクト状況の報告，問題発生の場合の原因分析と解決状況
営業部員	プロジェクトの進捗状況，問題発生および解決状況，見通し，顧客への報告
プロジェクト・メンバー	担当部分の進捗，品質問題の発生状況，解決の見通し，リスク特定，カウンセリング
購買部門担当者	優秀な外注メンバーの選定，稼働状況
外注会社営業	外注メンバーの価格交渉
外注会社メンバー	担当部分の進捗，品質問題の発生状況，解決の見通し，リスク特定

11.4.7　チーム形成，表彰と報奨，トレーニング

チーム形成とは，チーム・メンバー同士の一体感を向上し，協調的なチームの雰囲気を意識的に醸成することです．特に，初期段階およびバーチャルチームでは，きわめて重要であり，これを継続していくことが大切です．プロジェクト・マネージャは，このチーム形成を中心になって構築していくことが求められます．

表彰と報奨については，プロジェクト・マネージャが想定している以上に，チーム・メンバーに高い効果をもたらします．ねぎらいの言葉を掛ける，努力を称賛する，などの対応を積極的に行うことが望まれます．

トレーニングには，IT システム開発プロジェクト向けに次のようなメニューが考えられます．

情報処理推進機構が設定している情報処理技術者の人材像を定義しているシラバスがあり，それに要求される知識と技能が記載されていますので，それの達成を目指すトレーニングが効果的です．

個人およびチームの評価とは，プロジェクトの成功に向けて期待される人材像を定義し，その観点で公平に評価し，フィードバックを与えるようにすることが大切です．

11.5　チームのマネジメントプロセス

　このプロセスは，プロジェクト遂行の中で，プロジェクトの成功に向けて，チーム・メンバーの行動に対してフィードバックを与え，成果を獲得しようとするものです．

　このチームのマネジメントプロセスのツールと技法にも，人間関係とチームに関するスキルがあり，プロジェクト・マネージャには，リーダーシップを発揮することを求めています．

　リーダーシップとは，プロジェクトを成功させるために，プロジェクト・チームの指揮を執り，上手に仕事をこなすように働きかける能力です．『リーダシップ』（ライトワークス監修，小野善生著）によれば，リーダーシップのスタイルとして，指示型，支援的，参加型，ビジョン型（カリスマ型），自由放任型，変革型，業務達成型やサーバント・リーダーシップなどがあります．常に有効なリーダシップスタイルというものはなく，プロジェクト・メンバーの構成やプロジェクトの置かれた状況に応じて，効果的なリーダーシップのスタイルが取れることが必要です．

11.6　資源のコントロールプロセス

　このプロセスで扱われている資源は，プロジェクトに割り当てられている物的資源のことです．この物的資源が計画通りに利用できる状態であり，計画通り使われていることを把握して，必要ならば是正処置を行うプロセスです．獲得した物的資源をプロジェクト・メンバーに効率よく効果的に活用させるよう推進するのは，プロジェクト・マネージャの仕事です．そのためには，モニタリングとコントロール，問題解決の基本スキルが必要です（**図 11-8**）．

1.　問題の特定	問題を明確にする
2.　問題の細分化	より小さくて扱いやすい問題に細分化する
3.　調査	データを収集する
4.　分析	問題の根本原因を探る
5.　解決	利用可能なさまざまな解決策の中から適切なものを選択する
6.　結果の確認	問題が修正されたかどうかを確認する

図 11-8　問題解決の基本

コミュニケーション・マネジメント

コミュニケーションは，プロジェクト・マネージャがプロジェクトを成功に導くために，最も留意しなければならないものです．プロジェクト・マネージャは，ステークホルダーとさまざまな側面でコミュニケーションし，意思疎通を図っています（**図 12-1**）．

特に，**非言語コミュニケーション**（non-verbal communication），すなわち言語に頼らないコミュニケーションについて知っておくことが大切です．**メラビアンの法則**（7–38–55 ルール）というものがあります．人はコミュニケーションを取るときには，相手から発せられる「言語情報」から 7%，声のトーン

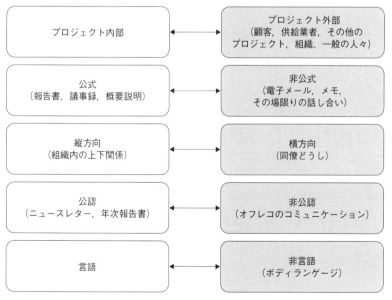

図 12-1　コミュニケーション活動が持つさまざまな側面

や口調，大きさ，話す速さなどの「聴覚情報」から38%，ジェスチャーや視線，表情などの「視覚情報」から55%の情報を受けている，という法則です．言語としてわずか7%の情報しか獲得できず，逆に自分自身から発する「見た目」や「言葉遣い」から相手は93%もの情報を獲得しているということです．プロジェクト・マネージャは，プロジェクト・メンバーやお客様，会社の上司，PMO，パートナーなど，多くのステークホルダーとコミュニケーションの場面に遭遇します．これは非言語コミュニケーションには，留意しなければならないということです．

　コミュニケーション・マネジメントには，次の3つのプロセスがあります（**図12-2**）．

図 12-2　コミュニケーション・マネジメント

12.1　コミュニケーション・マネジメントの計画プロセス

　このプロセスでは，プロジェクト内外のコミュニケーションをどのようにマネジメントするかということを，コミュニケーション・マネジメント計画書にまとめます（**表 12-1**）．

　このプロセスで使われるツールと技法として，コミュニケーション要求事項分析，コミュニケーション・モデル，コミュニケーション方法，コミュニケーション技術があります．

表 12-1　コミュニケーション・マネジメント計画書の内容

内　容	背景の意味（例）
ステークホルダーからのコミュニケーションの取り方に関する要求事項	指示は必ず文書で示してほしい，会議は対面で行ってほしい，など．
伝達すべき情報，言語，書式，内容，詳細度など	文書配布は日本語と英語で併記して欲しい，5W3H で記入してほしい，など．
情報を配布する理由	周知徹底か，指示・命令か．
必要とされる情報を配布する時間枠と頻度，該当する場合は受取りの通知もしくは応答	受け取り次第，転送してよいのか，夜中は配布禁止か，相手が応答するまで繰り返し配布か．
情報伝達の責任者	誰が文書をつくり，誰が情報伝達の責任者なのかを明記．
機密情報の伝達を認可する責任者	機密情報の伝達の責任者は誰かを明記．
情報を受信する人またはチーム	誰が受信すべき人，またはチームなのかを明記．
情報伝達の手段や技術	メモ，書類，電子メール，プレスリリース，など．
コミュニケーション活動に割り当てる資源	プロジェクト・メンバーがコミュニケーション活動に使用すべき時間または予算など．
エスカレーション・プロセス	この情報を受信した場合の上位者への通知経路（口頭，転送など）および期間．
コミュニケーション・マネジメント計画書を更新・洗練する方法	本コミュニケーション・マネジメント計画書の更新のための手続きについて記載．
共通用語集	プロジェクトで使用する用語集．

12.1.1　コミュニケーション要求事項分析

　コミュニケーション要求事項分析とは，ステークホルダーのコミュニケーションに関する要求を確定させることです（**図 12-3**）．

　例えば，誰と誰との間で情報を伝達すべきか，この情報を誰に配布して誰に配布してはいけないか，といったことを分析して確定させることです．この分析をきちんと行って確定させておかないと，組織のガバナンス（統制）が保たれなくなってしまいます．プロジェクトのコミュニケーション計画プロセスの要点は，プロジェクトにとっての重要情報の定義とコミュニケーションの流れを統制していくことです．

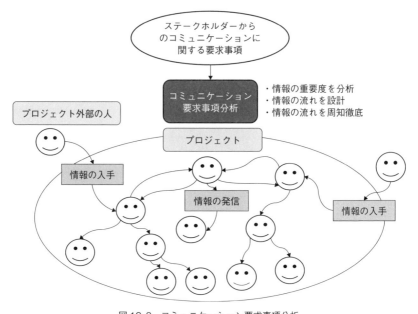

図 12-3　コミュニケーション要求事項分析

12.1.2　コミュニケーションギャップが発生する要因

　コミュニケーション・モデルとは，情報の発信者からその受け手である受信者に至るまでの流れを示したものです．発信者と受信者の間で発生するコミュニケーションギャップが発生する要因は，このコミュニケーション・モデルの中で考えることができます（**図 12-4**）．

　言語レベル，表情・表現方法レベル，意識・意図レベル，知識・経験レベル，無意識・感情レベルなど，さまざまなレベルで発信者と受信者の間にギャップが生じ，意思疎通がうまく伝わらないことが考えられます．これらは上下関係のある階層構造ということではなく，いずれかのレベルでギャップが大きい場合に，コミュニケーションがうまく取れなくなります．

　言語レベルでのギャップが発生する要因としては，発信している言葉がわからないというものです．

　無意識・感情レベルのギャップとは，「あの発信者の態度や話し方が好きではない」または「発信者の話し方に共感できるので熱心に聞きたい」などの感情を

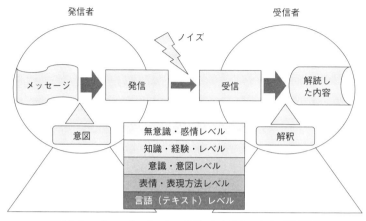

図 12-4　コミュニケーション・モデルにおけるノイズの発生要因

前提とした受信者の意識・無意識の気持ち，態度のことです.

　知識・経験レベルのギャップとは，発信者と受信者の間で，伝えようとする事象についての知識や経験，リテラシーの差が大きく，理解できない，納得できない，操作できないというものです.

　リテラシー（literacy）とは，読み書き能力，あるものに関する知識や情報を正しく理解し，活用できる能力のことです.

　意識・意図レベルのギャップとは，発信者が受信者に期待する「もっとこんなことに気づいてほしい」「もっと共感してほしい」といったものが伝わらない，というものです.

　表情・表現方法レベルのギャップとは，発信者の表情が暗く，また発出する言葉が明確でなく，聞く気になれない，ということも考えられます.

　発信者は，コミュニケーションギャップが常に存在することを考えて，受信者のさまざまなレベルや背景を考慮した上で可能な限り受信者に合わせることもギャップを回避する要素となります. また，受信者も発信者の置かれた背景を考慮して傾聴することがギャップの解消につながります.

12.1.3 コミュニケーション方法

コミュニケーション方法とは，発信者から受信者に対して情報をどのような形態で共有するかという実現方法です．双方向コミュニケーション，プッシュ型コミュニケーション，プル型コミュニケーションなどがあります（**図12-5**）．

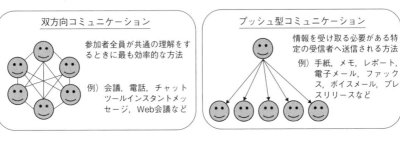

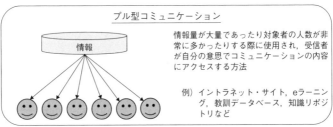

図12-5　コミュニケーション方法

● 双方向コミュニケーション

　発信者と受信者がリアルタイムに交信する方法です．対面または遠隔で，一対一，一対多，多対多，で行われる会話，会議，電話などの情報交換です．

● プッシュ型コミュニケーション

　発信者が受信者に，一方的に情報を送信する伝達方法です．

● プル型コミュニケーション

　発信者は情報をいずれかの情報空間の中に掲載しておき，受信者が必要なタイミングでダウンロードすることによって，情報を獲得するコミュニケーション方法です．

12.1.4　コミュニケーション技術

　コミュニケーション技術とは，コミュニケーション方法を実現させるための手段としての技術のことです．IT技術の進展により，さまざまなコミュニケーションの場面で，多くの技術が提案されています．

　これまで対面で行われていた大学での授業が，普通に遠隔授業でも行われています．チーム演習は，仮想空間の場の中でお互いに発信，共有し成果物をつくっています．情報共有は，個人対個人または個人対グループで日常的に行われています．情報の種類は，テキスト，数値データ，図表，画像，映像など，拡大しています．プロジェクト・マネージャは，情報技術の進展に合わせて，プロジェクトにおけるコミュニケーションの場の設計と運営を推進することが求められます．

12.2　コミュニケーションのマネジメントプロセス

　コミュニケーションをマネジメントするということは，プロジェクトに関連するさまざまな情報をタイムリーに，かつ適切に，収集，生成，配布，保管，検索，監視，廃棄を管理すること，すなわちプロジェクトのガバナンスを確立することです．これを行うには，プロジェクトで把握すべき情報を特定することが必要であり，その情報を誰が共有してよいか，データに対するどのような権限があるのか，などを設計することが求められます．これら情報に関するプロジェクトのガバナンスを確立するためには，情報セキュリティマネジメントの知識が必要です．

12.2.1　情報セキュリティマネジメント

　情報セキュリティとは，情報の機密性，完全性および可用性を確保し維持することです（**図12-6**）．

　機密性（Confidentiality）とは，アクセスを認可されたものだけが，情報にアクセスできることを確実にすることであり，そのための情報漏えい防止，アクセス権の設定などの対策のことをいいます．例えば，学生の成績情報は，担当教員に成績を付与する権限があり，当該学生は許可された期間に閲覧することがで

情報資産と脅威

脅威とは，企業にとって価値があるとみなされる情報資産を脅かす行為，情報資産の機密性，完全性，可用性を損なうような行為

情報セキュリティ

情報の機密性，完全性および可用性を確保し維持すること

機密性	完全性	可用性
アクセスを認可されたものだけが，情報にアクセスできることを確実にすること. 例）情報漏えい防止，アクセス権の設定などの対策.	情報および処理方法が正確であることおよび完全であることを保護すること. 例）改ざん防止，検出などの対策.	認可された利用者が，必要な時に，情報および関連する資産にアクセスできることを確実にすること. 例）電源対策，システムの二重化などの対策.

図 12-6 情報セキュリティ

きます.

　完全性（Integrity）とは，データを最新かつ正しい状態で維持することをいいます．このため改ざんの防止，改ざん等の検出などの対策が必要です.

　可用性（Availability）とは，情報資産に対するアクセスを許可されている利用者が，必要な時に，いつでもアクセスできることを確実にすることです．このためには，電源対策，システムの二重化などの対策が必要となります.

　電源対策としては，無停電電源装置（UPS：Uninterruptible Power Supply）を検討することも必要となります．これは，予期せぬ停電や，入力電源異常が発生した際に，電源を供給する機器に対し，一定時間電力を供給し続けることで，機器やデータを保護することを目的とした装置です.

　システムの二重化とは，トラブルに備えて同じシステムを二つ準備しておくということです.

　プロジェクト・マネージャは，システム開発中の情報セキュリティ対策および構築対象の顧客システムに対する情報セキュリティ対策について検討していくことが必要です.

12.2.2　コミュニケーション・スキル

　コミュニケーションのマネジメントプロセスでコミュニケーション方法や技術を活かすためには，コミュニケーション・スキルが必要です．コミュニケーション・スキルには，コミュニケーション・コンピテンシー，フィードバック，非言語，プレゼンテーションなどがあります．

（1）コミュニケーション・コンピテンシー

　発信者または受信者としてコミュニケーションギャップが発生するリスクを考慮しつつ，コミュニケーションを行えるスキルです．メッセージの目的の明確さ，効果的な関係の維持と情報共有，リーダーシップの発揮の仕方などが該当します．

（2）フィードバック

　受信者として発信者からの情報をどのように理解したかを伝えることや，プロジェクト・メンバーの行動を含むコミュニケーションに対する評価を伝えることです．

（3）非言語

　言葉以外で伝わっている態度や見た目，話し方などのコミュニケーションです．プロジェクト・マネージャは，非言語を意識して対応しなければなりません．相手は，言語や態度の背景にある本音の部分を感じ取ります．

（4）プレゼンテーション

　プレゼンテーションとは，企画や計画を効果的に説明し，聞き手に理解し，納得させるための技法です．プロジェクト・マネージャは，さまざまな場面で発表する場面があり，日頃からプレゼンテーションに込められた伝達，感動，共感，共有などの効果を発揮できるようにスキルアップが求められます．

12.2.3 人間関係とチームに関するスキル

コミュニケーションのマネジメントプロセスで人間関係とチームに関するスキルを活用することが必要です．人間関係とチームに関するスキルには，カウンセリング，会議のマネジメントがあります．

（1）カウンセリング

プロジェクト・メンバーには，置かれた環境，立場や役割によって悩みを持っている人もいます．カウンセリングとは，対話によって，相談者が抱える悩みや困りごとを解決できるよう導くプロセスのことです．アドバイスをするというよりは，相談者の悩みを傾聴しコミュニケーションを通じて，相談者が頭や心の中を整理し，気づきを得ることを目的とします．カウンセリングにおいて身に着けるべきスキルを以下に示します．

① 積極的傾聴

相手が言っていること，言おうとしていることを，その内容だけでなく，その背後にある感情に焦点を当てて耳を傾けて聴く力のことです．傾聴の要素には，言語的コミュニケーション（言葉）だけでなく，非言語的コミュニケーション（声の調子，トーン，間，沈黙，目，表情，姿勢，しぐさ，身だしなみなど）があり，非言語的コミュニケーションが強いメッセージを発することがあります．自分自身の非言語的コミュニケーションに気を配ることが大切です．プロジェクト・マネージャ（聴き手）と相談者（話し手）との間に，ラポール（rapport）の形成がなされていることが必要です．ラポールとは，「架け橋」を意味し，親密な関係や信頼関係のことです．ラポール形成とは，信頼できる間柄になっているということです．

積極的傾聴は，聴き手の主体的な働きかけによって，話し手をより深く理解するための方法であり，話し手の本音や思考を促す深いコミュニケーションをつくりだします．そのためには，聴き手の真摯な態度が必要となります．積極的傾聴のスキルを持つことは，誤解を減らすことに役立つほか，コミュニケーションおよび知識の共有を向上させます．

② パーソナルスペースの確保

カウンセリングには，ほっとできる空間づくりが必要です．大勢の人がい

る状況や大部屋では，話し手が安心して話ができる環境ではありません.

③　視線，まっすぐに相手を見る

　視線は，人に自分の意思の内容を表すのにきわめて重要な役割を果たします. しっかりと相手を見て語り掛けましょう.

④　身振り・手振り

　会話の最中でもうなずいたりすることで，自分はその意見に共感しているという意思を示すことになります. 何も言わなくても，去り行く相手が見えなくなるまで手を振れば，別れを惜しんでいることが伝わります.

⑤　姿勢

　姿勢が違うと同じことを話しても，かなり違った印象になります. 話し手のほうへの乗り出し具合によって，話し手への興味の度合いがわかります.

⑥　体の向き

　体の向きは視線や姿勢と同じように，会話に対する自分の興味の強さを表します. 話し手の質問に，パソコンを打ちながら横を向いて返事すると，その話に真剣ではないように感じさせてしまいます.

⑦　表情合わせ，ペース合わせ

　表情だけでもさまざまな感情を相手に伝えられることは，容易にわかります. 最初は自然な笑顔からはじめ，段々と相手の表情に合わせていくようにしましょう. 会話に喜怒哀楽の表情を加えることで，話にいろどりを添えることができます. 話し手の呼吸を観察し同じペースで会話をしましょう.

⑧　声の出し方

　話し手に合わせて，大きな声，小さな声，高い声，低い声，話す速さを使い分けるとさまざまな感情を表現できます.

⑨　うなづき，あいづち

　話し手よりも少しだけゆっくりのペースでうなづくのがよいでしょう. 話し手が「受け止めてもらっている」と感じることが大切です.

⑩　繰り返し，感情の反射

　話し手が言った言葉で重要なものを繰り返します. 言葉を言い換えたりせず，そのまま心を込めて丁寧に繰り返すことが重要です. 話し手が「悔しいです」と言えば，話し手の感情（表情）に合わせて「本当に，悔しいですね」と

繰り返すことで，話し手が「聴いてもらえた」と感じます．

⑪　沈黙

　沈黙は話し手が，次の言葉を捜すために，自分の気持ちを深く振り返っているときに生じる場合が多いのです．沈黙が生じたときには，あわてず，相手の表情に注目し，敏感にその気持ちを受け止めてください．話し手が，次の言葉を発するまでの時間は，非常に価値のある重要な時間なので，沈黙を維持したまま，待ち続けてください．

⑫　適切な質問，提案，リクエスト

　質問によって，話し手に考慮すべき新たな視点，リスク，考え方などの新たな気づきを促します．提案は，話し手への次なる行動への意思を示すことであり，リクエストは話し手に強い意思を示すことになります．

（2）　会議のマネジメント

　会議のマネジメントとしては，さまざまな会議において意図した目的を効果的，効率よく達成されるように，準備，実行，振り返りを行うことです．プロジェクト・マネージャが主催する会議には，プロジェクトキックオフ会議，プロジェクトの運営会議，上位上司，PMO および顧客へのプロジェクト状況報告会議，プロジェクト・メンバーとのカウンセリング，アイデア発想会議などがあります．

　プロジェクトキックオフ会議は，プロジェクトの方向性とプロジェクト・マネージャへの信頼感を醸成する上で非常に大切です．

　この会議の目的は，次のようなものです．

- ● プロジェクトを成功に導くための使命感や一体感を，メンバーと共有すること
- ● メンバーの不安感を払拭し，やる気を起こさせ，同じ方向に気持ちを向けさせるチームづくりの場とすること
- ● メンバーに，確定している事項と未確定事項を示し，リスクを共有すること
- ● 細かな指示を与えなくても，メンバーが適切に判断し，自律的に行動できるようにすること

● 困っているメンバーを助け合い，メンバーに不適切な対応があれば指摘し
あえる文化を醸成し，モチベーションの向上を図ること

　この目的を達成するための，プロジェクトキックオフ会議の進め方を以下に
示します（**表12-2**）.
　プロジェクトの運営会議の場づくりの留意事項は，次の通りです.

● まず，状況を正しく把握できるようにすること. グラフや図解の技法を
使って，客観的に，定量的に提示できるように，日頃からプロジェクト・
メンバーに習慣づけることが大切.

● 報告しているプロジェクト・メンバーを追いつめないことが大切. 早めに
リスクを共有してくれていること，プロジェクト全体で解決策を検討すべ

表12-2　プロジェクトキックオフ会議の次第と内容の例

順序	次第	内容・意義
1	プロジェクトの目的	プロジェクトの目的や意義，顧客が期待している成果について説明する.
2	顧客環境，顧客の課題と解決案	顧客企業の経営環境，顧客の業務課題と解決案，システム化の背景などを説明する.
3	システム概要	開発対象のシステムに求められる主な機能，性能，操作性，信頼性，今回採用する新技術や開発方法などを説明する.
4	プロジェクト計画	プロジェクトの全体スケジュール，主要マイルストーンやコストなどを，プロジェクトマネジメント計画書を使って説明する.
5	プロジェクト体制	顧客体制，プロジェクト・メンバーへの期待と役割などについて，プロジェクトマネジメント計画書を使って説明する.
6	メンバーの自己紹介	特に重要な場面です. メンバー自らの言葉でプロジェクトへの思いを語ることで，プロジェクトに参加することへの期待や自らのスキルアップを意識させる.
7	マネジメント方法	作業の進め方，進捗把握方法，用語の定義などについて，プロジェクトマネジメント計画書を使って説明する.
8	コミュニケーションルール	ステークホルダーにどのような情報を提供するか，報告・連絡・相談ルール，連絡手段・方法などについて，プロジェクトマネジメント計画書を使って説明する.
9	会議体	各種会議の位置づけ，出席者，日程・場所などについて，プロジェクトマネジメント計画書を使って説明する.
10	メンバーとの質疑応答	特に重要な場面です. メンバーにとって，不明な点，不安な点，疑問点など少しでも解消する.

きことを報告しているので，一緒に打開策を検討する姿勢が大切.

● 責任を追及するのではなく問題を解決することに重点を置く. 問題構造を共有し，根本原因の追究と解決のための課題を共有することに主眼を置く. 責任追及型の会議にしてしまうと，プロジェクト・メンバーは，隠蔽的になり，リスクが拡大するまで報告をしなくなってしまう.

● プロジェクトでは，リスクが顕在化することやリスクが拡大していることが頻繁に発生する. 少しでも気になった点，気付いた点を早期に自由に発言できるオープンな雰囲気をつくるように心がけることが大切.

アイデア発想会議の場づくりの留意事項としては，次の通りです.

● とにかく，参加メンバーに意見とアイデアを出させる.

● そのために，結果の出やすいテーマ設定にする.

● インスパイア・アイテム（脳が活性化される道具立て）を用意する.

● メンバーにリラックスして参加してもらう.

● ブレーンストーミング（批判厳禁，自由奔放，量を求む，便乗発展歓迎）を行う.

● 思考のプロセスを図示化し，話の内容をホワイトボードに書き込んで，口頭で議論するような空中戦にしないように留意する.

● お互いに全員の顔が見えるようにする.

● 達成感が必要. 何かを決めてから会議を終えるようにする.

‖ 12.3　コミュニケーションの監視プロセス

このプロセスでは，プロジェクトに関するコミュニケーションが満たされているかについて，監視し対応します.

このプロセスのインプットとしては，プロジェクトへの伝達事項，課題ログなどです.

プロジェクトへの伝達事項とは，プロジェクト・メンバーに伝達した事項であり，その伝達内容と異なる対応をしているメンバーがいれば，早期に改善指示をして，原因分析を行い，対応策を講じることが必要です.

　課題ログとは，実施すべき課題の一覧であり，課題達成のための責任者，方法，解決予定日などを文書化し，指示して監視するためのものです．未達成の課題が残存し続けるとプロジェクト遅延の主な原因になることがあります．

　このプロセスのツールと技法には，人間関係とチームに関するスキルがあります．人間関係とチームに関するスキルの中で，このプロセスで活用が期待されるスキルに，コーチングがあります．

　プロジェクト・マネージャは，プロジェクトの運営会議で課題ログに基づき，その達成状況をメンバーに確認します．達成に時間がかかっている課題があれば，そのメンバーに責任を押しつけるだけではなく，達成を難航させている問題は何か，どうすれば解決できるのかを，いっしょに検討していく姿勢が大切です．人間関係と，チームに関するスキルであるコーチングが最も試される場面です．

　コーチングとは，自発的な行動を促進するためのコミュニケーションを取り，自分のすべきことを自分で考えて行動させるための手助けをすることです．

　コーチングでは，モチベーションを重視し，人が自ら学習し育つような環境をつくり出し，個人をのばし，自ら問題を解決していけるようになることを目的とします．

　コーチングされる個人の能力を可能な限り引き出し，それにより個人で問題解決を図り，スキル向上を実現すること，個人を尊重し，個人の考える力を育てることが目的です．

　コーチングは，次の原則によって行います．

（１）　双方向コミュニケーションの原則

　「お互いに作用し合う」というコミュニケーションの中で答えを見つけ，それを行動に移させるようにします．

（２）　相手に合わせたコミュニケーションの原則

　人の個性に注目し，それを伸ばすことを大切にします．相手の頭の中にある答えを引き出し，気づかせ，オートクラインを促します．**オートクライン**とは，自分の考えを声に出して話し，それを自分自身で聞くことにより新しい気づきが

生まれたり考えがまとまったりすることです.

（3）　継続的なコミュニケーションの原則

　常に現状を把握し，軌道修正ができるように，継続的かつ定期的に質問を投げかけます．相手が行動に移すまで，そのことを続けます．一過性ではなく，常に現在進行形で進めます.

Column

■顔を合わせたら，まず挨拶して何か話そう■

　コミュニケーションとは，相手と心を通わせるために行うものであり，コミュニケーションの要点は，頻度，密度，感度といわれています.

　頻度については，単純接触効果（ザイアンスの法則）が証明されています．繰り返し接すると好意度や印象が高まるという効果のことです．毎日，顔を合わせたらこちらから挨拶する，よく会話することが大切です.

　それほど親密でない人とエレベーターの前でいっしょにいるような場合に，適度に「当たり障りのない会話」ができるスキルを持つことが大切です．ちょっとした会話をするだけで「場の空気」を良くすることができます．お互いが共有しているテーマで，無害なものを選択すれば間違いはないでしょう.

　そのテーマとは，天気や温度の話です．別に暑くなろうが寒くなろうが相手の責任ではありませんので「無難」に使えます．相手がつられて，何か話してくれば，その反応を見て，それを肯定するようなことを言えばよいのです.

　密度については，いっしょにいる時間の長短などではなく，あくまでも「心が通ったか」が重要です．相手と親密にきめ細かく真摯に話し合って，心から納得できる状態を密度の濃い話し合いができたと認識できます.

　感度とは，「相手の置かれた立場，状況，気持ちがわかること」という意味です．相手の立場，相手の状態で状況を認識し，共感できることが大切です．感度とは，感性であり，気配りともいえます.

　プロジェクト・マネージャは，自らに話しやすい雰囲気を漂わせるようにして，声をかけやすい雰囲気を醸し出してください．また，自らメンバーに話しかけることも気配りです.

　雰囲気づくりの基本は，まず挨拶「おはよう！」，感謝の言葉「ありがとう！」これを心掛けてください.

第13章

リスク・マネジメント（リスクの特定，定性的・定量的分析）

　プロジェクトには，プロジェクト目標を達成する過程において，発生するさまざまな事象によってプロジェクトに良い影響や悪い影響が出てくる可能性があります．これらの可能性のことを不確実性といい、その対応のためにリスク・マネジメントが必要です．

　プロジェクト・マネージャは，それらを事前に予測し，プロジェクトにとって良い影響が出るように，対応策を準備しておくことが求められます．

13.1　リスクに関する用語解説

リスク・マネジメントを理解するために，まず，リスクに関する用語解説をします．

13.1.1　プラスのリスクとマイナスのリスク

リスクとは，もし顕在化すれば，プロジェクト目標に影響を及ぼす不確実な事象あるいは状態のことです．

プラスのリスクとは，プロジェクト目標にプラスの影響をもたらしてくれるものなので，顕在化してほしいリスクです．例えば，パートナーとして参加してくれたプロジェクト・メンバーが，当初の期待以上の活躍をし，問題解決をしてくれるような事象はプラスのリスクです．一般的には，プラスのリスクは，そのような「棚から牡丹餅」のように都合よく顕在化しません．経験的に，「起きてほしいことは，こつこつと多面的に，自分から早く仕掛ける」ことが大切です．

キャリアマネジメントの分野で有名なクルンボルツが提唱した「**計画的偶発性理論**（Planned Happenstance Theory）」があります．この理論では，

「キャリアの大半は，偶然の予期しない出来事から，形成・開発させるものであり，その予期せぬ出来事を大いに活用すること，偶然を必然化することが大切である」と主張しています．言い換えると「キャリアは用意周到，綿密に計画し準備できるものと思ってはいけない．むしろ偶然的にいつかやってくる絶好のチャンスを見逃さないように，常に備えてそれが起きたときのために準備し，心を広く開いておかなければならない」「好ましいキャリアを築いていくためには，好ましい偶発的な出来事が起こりやすくなるように，自分から仕掛けていくべきである．キャリアチャンスは，ただ待っていても訪れるものではなく，自ら行動を起こしてチャンスを生み出し，積極的に自分の手でつかみ取るものだ」ということです．これがまさに，キャリアにとってのプラスのリスクを顕在化させやすくするための対応策といえます．

　一方，**マイナスのリスク**は，経験的に「起きてほしくないことは突然起きる！」といえます．これの対策には，起きてほしくない事象をしっかりと特定し，忍び寄る小さな変化に気づき，早めに対応策をとることが肝要です．

　ハインリッヒの法則（Heinrich's law）は，1つの重大事故の背後には29の軽微な事故があり，その背景には300の異常が存在するというものです．軽微な異常の原因となっている本質的な要因に気づき，早期に対応策をとるべきです．

13.1.2　個別リスクと全体リスク

　プロジェクトのリスクには，別の切り口があります．プロジェクトの**個別リスク**（固有リスク）と全体リスクです．

　プロジェクトの個別リスクとは，そのプロジェクトに固有のリスクで，例えば，プロジェクト・メンバーが病気や事故に遭遇してプロジェクトを離れることや，顧客からの要求定義が確定せずシステム開発が遅延するといったリスクです．

　プロジェクトの**全体リスク**とは，プロジェクト中に起こりうる組織の経営方針の転換に伴うプロジェクトの目的変更のように，プロジェクト内だけの視点では洗い出せないリスクのことです．言い換えれば，プロジェクト目標にプラスまたはマイナスの影響を与える可能性のあるプロジェクト外部からのリスクです．例えば，プロジェクトが所属する組織が経営難になるといったリスクです．

13.1.3　リスク，ペリル，ハザード

リスク関連用語として，リスク，ペリル，ハザードの意味について，ここではマイナスのリスクを前提として説明します．

① **リスク**（risk）

　損失の原因となる事故が発生する，または損失の可能性のことです．可能性なので，まだ具体的な事故やそれに基づく損失は起きておらず，起こる可能性があるという状態のことです．例えば，建物は火災により損傷を被る可能性があるので，「建物には火災リスクがある」という表現になります．

② **ペリル**（peril）

　損失の原因となる，または損失を引き起こす事故のことです．火災や地震は，建物の損失の原因となるからペリルです．また，自動車の衝突は，自動車の破損，人身傷害など影響を与える原因となるのでペリルです．

③ **ハザード**（hazard）

　事故発生の拡大の潜在的要因，危険事情といわれ，事故発生の可能性を高める，または被害の影響を拡大する可能性のある環境要因のことです．例えば，消防設備の故障は火災の影響拡大のハザードであり，軟弱地盤は地震による損失を大きくするハザードといえます．

ハザードには，物理的危険，道徳的危険，風紀的危険があります．

① **物理的危険**（physical hazard）

　物または人に存在する，物理的または肉体的な性質，事情，状態のことです．例えば，建物内の多量のガソリンがある状態，道路の氷結している状態，ブレーキが故障している状態，森林が乾燥している状態，フェーン現象，流氷・暗礁が存在している状態，人間の体質，潜在的疾病がある状態などです．

② **道徳的危険**（moral hazard：モラル・ハザード）

　人間の精神的な状態または心理的要因といったさまざまな潜在的事情または態度から生じる，意図的行動を伴う状態です．

　例えば，人間の不正，詐欺，悪意などの感情からくる積極的作用であり，事故を発生または増加させる状況，状態のことで，火災保険をかけておいて放火する，などの意図的に事件を起こす状態などです．

③ **風紀的危険**（morale hazard：モラール・ハザード）

　不注意，無関心，士気低下，風紀の乱れなどの人的事情，精神状態です．うっかりしているなど意図的行動を伴わない状態です．例えば，注意義務を怠り，結果として火事のリスクが高まるなど，リスク回避を疎かにする状態などです．

13.1.4　純粋リスクと投機的リスク

リスクには，純粋リスクと投機的リスクがあります．

① **純粋リスク**（pure risk）

　損失のみが発生する可能性（loss only risk）のことで，例としては，火災，地震・風水害，自動車事故，テロ・誘拐，会社役員の背任などがあります．

② **投機的リスク**（speculative risk）

　利益または損失が発生する可能性のことで，例としては，為替レート，商品価格の変動リスク，新商品開発リスクなどがあります．

13.1.5　リスク・マネジメント・フロー

リスク・マネジメントは，一般的に次のようなリスク・マネジメント・フローに基づいて進められます（**図 13-1**）．

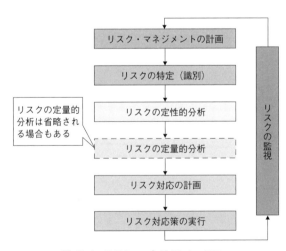

図 13-1　リスク・マネジメント・フロー

　プロジェクト・マネージャは，まず，リスク・マネジメントの計画を立てます．プロジェクト・メンバーに，リスク・マネジメントをどのように進めていくか，誰がどのような役割と責任を持って，どのような手順で，基準，帳票によって進めていくか，周知徹底するために，ルールを文書化します．

　次に，プロジェクトのリスクについて，抽出します．これを「リスク特定」または「リスク識別」といいます．

　リスクは，常に生成・消滅するものなので，プロジェクト期間中，定期的かつ継続的に，プロジェクト・メンバー全員で，リスクを特定する機会を持つことが必要です．リスクを特定する際に，活用できるものに RBS（Risk Breakdown Structure）があります（**表13-1**）．

表13-1　RBSの例

RBS レベル 0	RBS レベル 1	RBS レベル 2
0.　単位を落とすリスク	1.　履修登録リスク	1.1.　履修登録を忘れる
	2.　授業リスク	2.1.　授業情報を忘れる
	3.　出席リスク	3.1.　「出席」ボタンを押し忘れる
		3.2.　授業があることを忘れる
	4.　小テストリスク	4.1.　回答を忘れる
		4.2.　不正解が多い
	5.　…………	5.1.　…………

　RBS は，リスクを階層別に細分化していき，階層レベルごとに番号を付与すると，体系的に特定することができます．

　次に，特定した個々のリスクについて，その発生確度と発生した場合の影響度をリスクスコアとして評価します．特定したリスクのすべてに対応するとコストが大きくなりますので，ある程度，選択と集中を行い，効果的な対策を立てるために，定性的リスク分析を行います．

　また，大きな損失を被る可能性のあるリスクについては，より詳細な発生確率や損害額の算定を行う定量的リスク分析を行う場合もあります．

　リスクスコアに応じて，リスク対応の計画を立案します．

　リスク対応の計画を決めたら，その計画に基づいてリスク対応策の実行を行います．

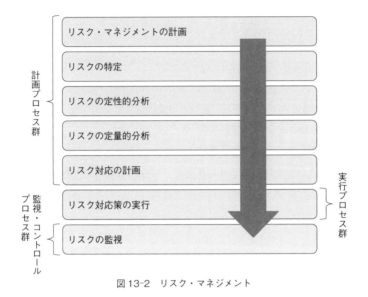

図 13-2 リスク・マネジメント

　リスク対応策の実行により，それぞれのリスクのリスクスコアは変化しますので，定期的かつ継続的にリスクの監視を行います.

　リスク・マネジメントは，プロジェクトの開始から終了まで継続的に，リスク・マネジメント・フローに従って進めます.

　リスク・マネジメントの知識エリアは，リスク・マネジメント・フローに従って，プロセスが構成されています（**図13-2**）.

13.2　リスク・マネジメントの計画プロセス

　プロジェクトには不確実性があり，その対応のためにリスク・マネジメントが必要ですが，プロジェクト・メンバーの誰が，いつ，どのような手順，ルール，基準や進め方，方法論で行うのかといった計画を作成し，プロジェクト・メンバー間で共有し，組織的に対応していくことをプロジェクト・マネージャがキックオフミーティングの場などで宣言しなければなりません.

　リスク・マネジメントの計画プロセスでは，リスク・マネジメント計画書を作成します（**表13-2**）. この計画書に含める項目は，以下の通りです.

表 13-2　リスク・マネジメント計画書に求められる項目と内容

項　目	内　容
リスク戦略	リスク・マネジメントを行うにあたっての方針や手順，リスク・マネジメント・フローなどのこと．
方法論	いつ，誰が，どのようなデータを使って，どのようにリスク・マネジメントを行うのかなど．
役割と責任	リスク・マネジメントを推進するメンバーは誰か，リスク・マネジメント・フローの各プロセスの責任者と役割について記載する．
資金調達	リスク・マネジメントプロセスを実行するには，コストがかかる．また，「既知の未知のリスク」と「未知の未知のリスク」では，最初からプロジェクト予算にいれる，いれない，が変わってくる．資金をどこから調達するかについて記載する．
タイミング	たとえば，リスクの特定を毎週金曜日に行うとか，リスク・マネジメント・フローの各プロセスをいつ行うなどのタイミング．
リスク区分	リスクを特定する際の分類のこと．スコープ，スケジュール，コスト，品質に関するものなどで区分してもよい．また，RBS を参考にリスクを特定してもよい．
リスクの発生度と影響度の定義	リスクの発生度や影響度について「大」「中」「小」で分けるとしたら，それぞれどの程度のものを該当させるかなどを決めておく．
発生確率・影響度マトリックス	二次元で，発生確率×影響度＝リスクスコアを表現した表であり，それぞれ特定したリスクのポジションを把握できる．
報告書式	継続的に，ステークホルダーにどのような形式でリスク状況を報告するかという，その手順や様式のこと．
追跡調査	リスク・マネジメントを実施して成功する場合もあり，失敗する場合もある．リスク監査を行い，教訓としてまとめるためにも追跡調査を行えるようにしておくこと．

‖ 13.3　リスクの特定プロセス

　リスクの特定プロセスでは，個別リスクおよび全体リスクを特定します．このプロセスのインプットには，プロジェクトマネジメント計画書，プロジェクト文書，合意文書，調達文書，組織体の環境要因，組織のプロセス資産などがあります．これらの文書，手順，体制，会議，やりとり，情報の流れの中に，リスクが潜んでいます．

　これらをもとに，専門家の判断，データ収集，データ分析，人間関係とチームに関するスキル，会議といったツールと技法を使ってリスクを特定します．

13.3.1　専門家の判断

専門家の間で合意を形成する技法としてデルファイ法（Delphi Method）があります.

デルファイ法は, プロジェクト・リスクの専門家が匿名で参加します. まず, 進行役がアンケートを使って重要なリスクに関する専門家の見解を求めます. 専門家からの回答を要約した後, さらなる見解を得るために, その要約を再度, 専門家にフィードバックします. このプロセスを数回繰り返すことにより, 専門家の見解を集約し合意形成していきます.

デルファイ法は, 多くの専門家が匿名で参加することにより, データの偏りを減少させることに役立ち, 特定の人が結果に対して過度の影響を及ぼすことを妨げる効果があります. リスクの特定をする場合の専門家としては, 類似のシステム開発の経験者も有効です.

13.3.2　データ収集技法

リスクの特定に関するデータ収集技法としては, ブレーンストーミング, チェックリスト, インタビューなどがあります.

例えば, 毎週月曜日に30分程度, リスク特定のための会議を開催し, 参加者全員でブレーンストーミングを行うルールをつくるのもよいでしょう.

さまざまな専門家への定期的なインタビューによって, リスクを特定することも大切です.

13.3.3　データ分析技法

リスクの特定に関するデータ分析技法として, 前提条件と制約条件の分析, 文書分析, SWOT分析, 根本原因分析などがあります.

（1）　前提条件（Assumptions）

何かを行う場合, またはある物事が成り立つために, あらかじめ満たされていなければならない条件のことです. 別の言い方をすると, 裏付けのない状況でそれが真実であると考えている事柄のことです. 例えば, 引越業者が, 高層階の建物の14階に荷物を運ぶ場合に, 「エレベーターを使える」と考えます. 通常,

エレベーターを使えるという前提で引越計画を立てています．

（2）　制約条件（Constraints）

　外部から規定されている条件のことです．前述の引越業者の立場で考えると，「お客様からの指定日に指定された数量の荷物を引き取って，損傷なく新しい引っ越し先に運び入れること」や「エレベーターを使用する際には，マンションの住人を優先させること」といった条件です．システム開発プロジェクトでいえば，顧客との契約で決められている作業の進め方や成果物に関する品質，コスト，納期などに関する条件のことです．

　前提条件と制約条件の分析においては，制約条件を守れない可能性と，その要因をリスクとして特定しておくべきです．前提条件が崩れたときに，リスクが顕在化しますので，前提条件をリスクとして特定しておくことが必要です．

　プロジェクトでよく顕在化するのは「『〜しているはず』のリスク」があります．「やっているはず」「伝わっているはず」「理解しているはず」の前提条件は，再確認することが必要です．

（3）　文書分析（document analysis）

　文書の中からそのリスクを特定することです．プロジェクトにおけるさまざまな文書には，矛盾があったり，異なる意味の内容が記載されていたり，プロジェクトに不利な内容が記載されていたりします．

（4）　SWOT 分析（SWOT analysis）

　強み（Strength），弱み（Weakness），機会（Opportunity），脅威（Threat）を把握する技法です．機会とはプラスのリスクであり，脅威とはマイナスのリスクです．SWOT 分析をすることがリスクを特定することになります．

（5）　根本原因分析（RCA：Root Cause Analysis）

　問題の本質的な原因（根本原因）を特定して，その原因を除去し抜本的な処置を行おうとするものです．リスク対策の立案時，根本原因を分析して効果的な対

策を立てる際に必要な分析技法です.

13.3.4 リスク登録簿

このプロセスの目的は，リスクを特定しリスク登録簿を作成することです. **リスク登録簿**（Risk register）は，プロジェクトでリスク・マネジメントを行っていくための基盤になります（**表 13-3**）.

リスクの特定の段階では，リスク管理番号，特定したリスク，リスクが顕在化したときの影響などを記入します. リスク・マネジメント・フローに従って，継続的に，リスクスコアの算定，対応策の記載，対応策の実行記録などを行い，新たなリスクの追加や更新を行い，消滅すれば「このリスクは消滅した」ことを示しておきます. リスク登録簿に記録を残すことにより，リスク特定の内容，リスク顕在化の時期，リスク消滅までの期間など，別のプロジェクトで活用できる情報を得ることができます.

▎ 13.4 リスクの定性的分析

このプロセスでは，特定したリスクを分析・評価し，優先順位をつけて監視対象となるリスクを選定します.

このプロセスのツールと技法に，専門家の判断，データ分析，会議などがあります. 専門家の判断として，これまでの経験から類似したリスクに関する評価や対応策に関する助言を求めます.

データ分析技法には，リスク・データ品質査定，リスク発生確率・影響度査定，他のリスク・パラメーターの査定などがあります.

リスク・データ品質査定とは，リスクに関するデータについて，どの程度信頼できるかを評価する技法のことです. 例えば，天気キャスターが，気象情報についてどの程度，理解しているか，天気予報の基になっている各地の計測データの正確性，品質，信頼性，整合性といったものを評価することです.

リスク発生確率・影響度査定の進め方は，まず発生度基準と影響度基準を作成します（**表 13-4**）.

ここで，**発生確率**とは，

表13-3　リスク登録簿の事例

項番	カテゴリー	リスク識別ID	リスク	リスク監視対象 b3	評価日	影響度 a1 (大:3 中:2 小:1)	対応策の効果 b3 (未処置:3 処置実施中:2 効果的処置を実施済:1)	緊急度 b2 (既にリスク顕在化:3 1ヶ月以内に顕在化の可能性あり:2 1ヶ月以上先 又はが顕在化の可能性あり:1)	発生確度 b1 (顕在化.大:3 顕在化中:2 小～1、消滅:0)	リスク優先度 a1×b3	リスク値 a1×b2×b1	リスク値/総リスク	処置方針・処置対策／処置実施者	処置状況・有効性	リスク顕在化時計画（コンティンジェンシー計画）
1	スコープ	R1：エンドユーザ要件が曖昧である	9.1 にユーザ承認の件数が少ない／要件概化・変更件数	4月1日	4月15日	3	2	1	3		18	22.2%	お客様と時間調整を行って仕様（魂）の会議を第一回で行う	1. リスクを認識し、リスク・コンティンジェンシー計画を策定した	リスク顕在化時計画（コンティンジェンシー計画）
					5月15日	3	2	1	3		18	22.2%		2. お客様に仕様確認の為にお客様と合同の仕様レビューを行いたい旨を申し入れた	1. 客先に真の原因をお知らせして優先に、9.7 先に対応策を検討いただいた
					6月15日	3	2	1	3		18	22.2%		8.1 にお客様に対し当該仕様確認のご依頼が来、お客様側による各種の調整をお願いすることにした	
					7月15日	3	1	1	2		12	14.8%		6. 更新仕様の取りまとめ、仕様書の明細確認などを行っている	8.1 にお客様へプロジェクト計画の見直しを依頼し、客先に承諾を得る
					8月15日	3	1	2	1		6	7.4%		7. 更新仕様が明日まとまる予定はいえないが、毎日確認を行っている	9.3 にプロジェクト計画の見直しを承諾いただき、承諾を得る
					9月15日	3	2	1			2	2.5%	山戸　経三	9.10 にユーザから必須性の要求を仕様書といっしこ	
2	タイム	R2：無理なスケジュールである	9.10 にPMOが処成のアクションレビューの件数／スケジュール間の調整解除数／関連の課題数	4月1日	4月15日	3	3	1	3		27	33.3%	事業長およびPMOを集めてスコープの確定とプロジェクト計画の確定及び実現の検証を行う	1. プロジェクト計画書の重要性をレベル示し、WBSの作り方、効果的な計画策定のためのスケジュールを立てた	事業部として、今後のプロジェクト継続の可否を決定する
					5月15日	3	2	2	2		18	22.2%		2. プロジェクトの何が分かってきたのが分かってきないスコープ値を確定し、WBSを作成した	事業継続可否を確認する
					6月15日	3	1	0	1		6	7.4%		7.16 に、これまで利用していたスコープの確定（確定、不確定）を行った	
					7月15日	2	2	2	1		4	4.9%	成功するメンバーを得るためのプロジェクト計画書を説明した	プロジェクト計画再の新段階件数（ヒト、モノ、カネ）の調整を行った	
					8月15日	2	2	2	1		4	4.9%		プロジェクト計画再の新段階を計画しメンバーに説明し、会議の共有を図った	
					9月15日	2	1	0	0		0	0.0%		成功するメンバーを得るプロジェクト計画書を説明した	
3	技術スキル	R3：技術的なレビューの欠如	10.3 に技術レビューを実施しているか／技術レビュー件数	4月1日	4月15日	3	3	1	2		12	14.8%	8.1 にリスクを認識しどのような対応策を立てればよいか具体的検討	1. リスクを認識した。どのような有効性の処置が行われるか	10.1 レで集中的に技術検証会を実施する
					5月15日	2	3	2	2		12	14.8%		2. これからも技術的な有効性のためOJTや指導と努めた	1. プロジェクト計画書を一週間以内に実施し、その後のプロジェクトを完了する前任者の技術力を確認する
					6月15日	2	2	2	2		12	14.8%		3. 技術資料を使いながら専門的な専門レベルを向上させる	
					7月15日	2	2	2	2		8	9.9%		1. PMレビューが行いてマネジメントのOJTを行っている	
					8月15日	2	2	2	1		8	9.9%	技術的レビューの影響範囲を見極める	1. プロジェクト計画を見極めているが、十分でない。影響は現在のレビューの実行では	
					9月15日	3	1	2	1		8	9.9%		1. 技術レビューを実施していると十分な要件は現在担当についてできないが、内部レビューはは	
4	人的資源	R4：プロジェクトマネージャーの力量不足	概要設計完了／問題解決数／限定件数	4月1日	4月15日	3	3	2	2		36	44.4%	PMとなる人物を調整する	1. リスクの課題を検討する	1. プロジェクト計画書を一週間以内に実施し、その後のプロジェクトを完了する前任者の技術力を確認する
					5月15日	3	3	2	2		24	29.6%	PMによるPM対話はまず冷静にPMを調整する	1. PMによるPM対話はまず冷静にレベルであった	
					6月15日	3	2	1	2		12	14.8%		1. PMによるPM評価はまず冷静にレベルである	
					7月15日	3	3	2	1		6	7.4%		1. PMにメンバーが行いてマネジメントプロセスのOJTを行っている	
					8月15日	2	1	2	1		2	2.5%	問題解決数／限定件数	1. 課題の解決あるプロセスを構築できり始めた	1. 課題解決あるプロセスを構築でき安心したプロジェクト活動が安定できた
					9月15日	2	2	1	1		0	0.0%			

表 13-4　発生度基準と影響度基準

リスクの発生度基準	
評語	評点
3日間に1回	0.9
1週間に1回	0.5
1ヶ月に1回	0.2
半年に1回	0.1
1年に1回	0.05

リスクスコア＝発生度×影響度

リスクの影響度基準				
評語	ほぼ影響なし	影響は少ない	中程度影響あり	大きな影響あり	重大な影響あり
評点	0.05	0.1	0.2	0.5	0.9
Q	影響は少ない	軽微な影響あり	中程度影響あり	重大な影響あり	受入れが困難
C	3%以下の増加	3%以上の増加	原価率100%超え	巨大赤字となる	将来回収不可能
D	3%以内の遅れ	3%以上の遅れ	10%以上の遅延	工程完了の遅延	納期延期となる

$$発生確率＝\frac{発生数}{試行回数}$$

のことです．事象の起こりやすさの客観的な値です．

　発生度とは，発生確率ほど厳密ではなく，発生しやすい事象であれば 0.9 とする，または起こりにくければ 0.05 にするといった評価者の主観的な頻度（これを評点と呼びます）のことです．

　影響度は，重大な影響の場合には 0.9，軽微な影響の場合 0.05 などとするような主観的な度合いのことです．

　定量的な損害額，影響時間などを算定する場合には，リスクの定量的分析が必要となります．

　特定したリスクを発生度基準と影響度基準に基づき，**リスクスコア**を計算します．

リスクスコア＝リスクの発生度×リスクの影響度

　特定したリスクをリスクスコアに基づき，発生度・影響度マトリックス図（Probability and Impact Matrix）にマッピングします（**図 13-3**）．

　リスク許容度は，組織や個人が許容できるリスクの程度，度合い，あるいは量のことです．リスク許容度以上のリスクスコアを持つリスクについては，何ら

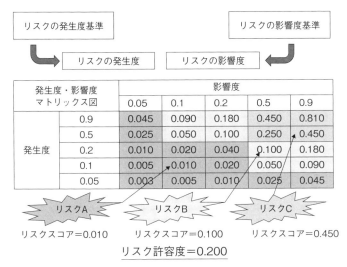

図13-3　リスクスコアと発生度・影響度マトリックス図の例

かの対策が必要となります．

　リスクには，それぞれに発生度と影響度があります．それらの発生度と影響度の積がリスクスコアになります．プラスのリスクの場合には，顕在化するような対策を講じ，マイナスのリスクの場合には，顕在化しないような対策を講じます（**図13-4**）．

重点的に対応

発生度↓	マイナスのリスク					プラスのリスク				
0.90	0.05	0.09	0.18	0.36	0.72	0.72	0.36	0.18	0.09	0.05
0.70	0.04	0.07	0.14	0.28	0.56	0.56	0.28	0.14	0.07	0.04
0.50	0.03	0.05	0.10	0.20	0.40	0.40	0.20	0.10	0.05	0.03
0.30	0.02	0.03	0.06	0.12	0.24	0.24	0.12	0.06	0.03	0.02
0.10	0.01	0.01	0.02	0.04	0.08	0.08	0.04	0.02	0.01	0.01
影響度→	0.05	0.10	0.20	0.40	0.80	0.80	0.40	0.20	0.10	0.05

リスク A　　　リスク B

図13-4　プラスとマイナスの発生度・影響度マトリックス図

　他のリスク・パラメーターの査定には，緊急度，近接度，マネジメントの可能度，検出可能度，接続度，戦略的影響，共感度などの特性があり，これらで評価することもあります．

　① **緊急度**

　効果的なリスク対応策の期間の短さのことで，「自動車が衝突しそうだ」と認識しても「その対策を講じる時間が少ない」といったこと．

　② **近接度**

　リスクの顕在化がプロジェクト目標に影響を与えるまでの期間の短さのこと．例えば，来年2月までにシステム開発を完了しなければならない状況において，今年の4月頃ならまだしも，来年の1月頃に，「顧客からの仕様変更要求」というリスクは，近接度が高いといえます．

　③ **マネジメントの可能度**

　リスクに対して発生を抑止するための施策や影響を経験するための施策が取りやすいか否かの程度．マネジメントがしやすい場合には，可能度が高いといえます．

　④ **検出可能度**

　リスクの発生やリスクスコアの変化を把握しやすいか否かの程度．把握しやすければ可能度が高いといえます．

　⑤ **接続度**

　あるリスクが他のリスクに影響を与えやすいか否かの程度．リスクは，お互いに独立している場合もありますが，連鎖しているものもあります（**図13-5**）．接続度が高いとは，連鎖の度合いが高いということ．

　⑥ **戦略的影響**

　企業が策定している経営戦略に対してどれだけ影響を与えるかということ．**経営リスク**とは，企業経営において発生する可能性のあるリスクのことで，そのようなリスクの顕在化は，戦略的影響が高いといえます（**図13-6**）．

　⑦ **共感度**

　リスクに対する評価がステークホルダーに共有される程度．大勢の人が同じように評価するリスクは，共感度が高いといえます．

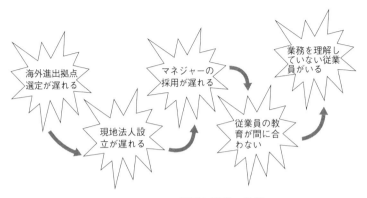

図13-5　リスク（原因と結果）の連鎖

経営戦略リスク	財務リスク
経営戦略は常に失敗のリスクあり，設備投資，商品価格，新商品開発，M&A，海外進出，事業承継	経営不振，売上低下，事業の失敗，放漫経営，景気の変化，資金繰り，融資の返済
コンプライアンスリスク	事故リスク
経営者や従業員の不祥事，製品の不備，ブランドイメージの低下，社会的信用の失墜	自然災害（地震，台風，水害），人為的な事故
情報漏洩リスク	マネジメントリスク
個人情報漏洩，顧客情報漏洩，ヒューマンエラー，外部からの攻撃	世代間の価値観の違い，パワハラ，セクハラ，過労死

図13-6　経営リスク

　プロジェクト・マネージャは，プロジェクトの発足から終結までは，リスク・マネジメント・フローに従って，定期的にリスクを特定し，定性的リスク分析，状況により定量的リスク分析を実施し，リスク対応の計画立案，対応策の実行，リスクの監視というプロジェクト運営を行います．

13.5 リスクの定量的分析プロセス

リスクの定量的分析は，すべてのプロジェクトで実施する必要はありませんが，プロジェクト目標への影響を定量的に把握するニーズがある場合には，実施します．リスクが顕在化した場合の影響額（損害額）が提示された場合には，そのリスクに対する対応策への投資額も決定しやすくなります．

定量的分析に使用されるツールと技法として，データ分析があります．データ分析技法には，シミュレーション，感度分析，デシジョンツリー分析などがあります．

13.5.1 シミュレーション（Simulation）

何らかのシステムの挙動を，それとほぼ同じ法則に支配される他のシステムや計算によって模擬することです．シミュレーションの中でもよく使われる技法に，**モンテカルロ法**（Monte Carlo method）がありますが，これは乱数を用いて行う技法の総称です．モンテカルロ・シミュレーションの例として，乱数を用いたシミュレーションで円周率 π を求める方法を紹介します（**図13-7**）．

モデリング（Scientific modelling）とは，現実の事象を抽象化した数式，プロセスとしてみなすことです．統計学は，さまざまな現実の事象をモデリングし，シミュレーションするためのソリューションを提供しています．プロジェクト・マネージャは，現実の問題解決の手掛かりとするためにも統計学を学んでおくことが望ましいです．

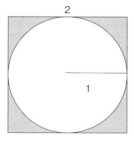

● 円の面積：四角形の面積＝$\pi \times 1 \times 1 : 2 \times 2 = \pi : 4$
点を「無作為に」正方形内に描く．この「無作為に」が難しいが，とにかく「無作為に」描く．最終的に点の総数を正方形の面積とすれば，円の中に入った点の数を円の面積とすることができる．
なぜならば，正方形の面積：円の面積＝正方形に入る確率：円に入る確率が成立するため．

図13-7 モンテカルロ・シミュレーションの例

13.5.2　感度分析（Sensitivity Analysis）

ある要因を変動させたときに，プロジェクト目標にどの程度の影響を与えるかをみる分析のことです（**図 13-8**）．

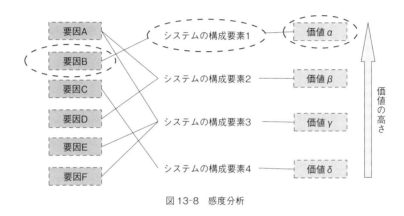

図 13-8　感度分析

感度分析を視覚化にする場合，Spider Chart や Tornado Chart が使われます（**図 13-9**）．

Spider Chart や Tornado Chart を使った感度分析の例として，売上高，固定費，変動費が変化すると，利益にどのような影響を与えるかをみることができます．

13.5.3　デシジョンツリー分析（Decision Tree Analysis）

予測や判別，分類を目的として使われるデータマイニング技法です．つまり，複数の要因と結果の関係性の中から，影響の強い要因を階層別に把握する分析技法ともいえます．デシジョンツリー分析の具体的な例として，期待金額価値分析（EMV: Expected Monetary Value Analysis）があります（**図 13-10**）．

期待金額価値分析とは，将来発生が不確実な複数のシナリオがある場合に，平均的な成果を期待する統計的技法です．

たとえば，売上高を 1600 万円（−20%）から 2400 万円（＋20%）に変動させると利益が 340 万円から 660 万円になります．また，固定費を 360 万円（＋20%）から 240 万円（−20%）に変動させると利益が 440 万円から

	標準ケース	売上高が変動		固定費が変動		変動費が変動	
増減率	0%	20%	−20%	20%	−20%	20%	−20%
売上高	2000	2400	1600	2000	2000	2000	2000
固定費	300	300	300	360	240	300	300
変動費	1200	1440	960	1200	1200	1440	960
利益	500	660	340	440	560	260	740

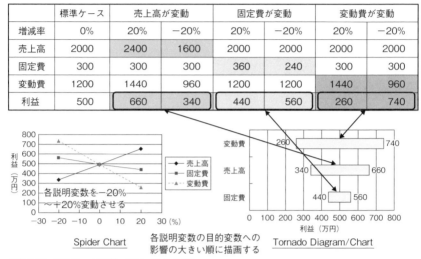

Spider Chart　　各説明変数の目的変数への　　Tornado Diagram/Chart
影響の大きい順に描画する

※売上高＝固定費＋変動費＋利益（目的変数）

図 13-9　Spider Chart と Tornado Chart の例

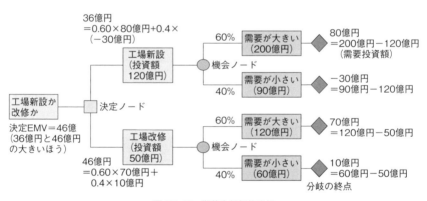

図 13-10　期待金額価値分析

560 万円になります．また，変動費を 1440 万円（＋20%）から 960 万円（−20%）に変動させると利益が 260 万円から 740 万円になります．これを図に示すと，変動費が利益に最も影響することがわかります．

第14章

リスク・マネジメント（リスク対応の計画と実行，監視）

　前13章では，プロジェクトで実施するリスク・マネジメントの手順，基準，役割分担などの計画を立案し，その計画に基づいて，プロジェクトに関係するリスクを特定し，特定したリスクを発生度と影響度の観点で定性的に分析し，影響度の大きいリスクについては，定量的分析することを説明しました.

　これらにより，プロジェクト目標を達成するために，どのリスクに対して重点的に取り組んでいくかを決めます. 全てのリスクに取り組むというよりも，限られたリソースを有効に使うため，選択と集中を行って，リスクに対応することが必要です. 選定したリスクに対して，具体的で効果的な対応策を決めることが重要です.

　本章では，プラスのリスクに対しては，より顕在化するように，マイナスのリスクに対しては，顕在化しないように対策を立案し，リスク対応をプロジェクト活動に組み込み，継続的に監視していくプロセスを説明します.

14.1　リスク対応の計画プロセス

　このプロセスでは，特定し分析したそれぞれのリスクに対してどのような対応をするのかを決めていきます. このプロセスのツールと技法には，脅威（マイナスのリスク）への戦略，好機（プラスのリスク）への戦略，コンティンジェンシー対応戦略などがあります.

　対応策のこと，すなわちやるべきことを戦略と呼びます.

　脅威への戦略とは，起きてほしくないリスクへの対応策のことで，軽減，回避，転嫁，受容，エスカレーションがあります（**図14-1**）.

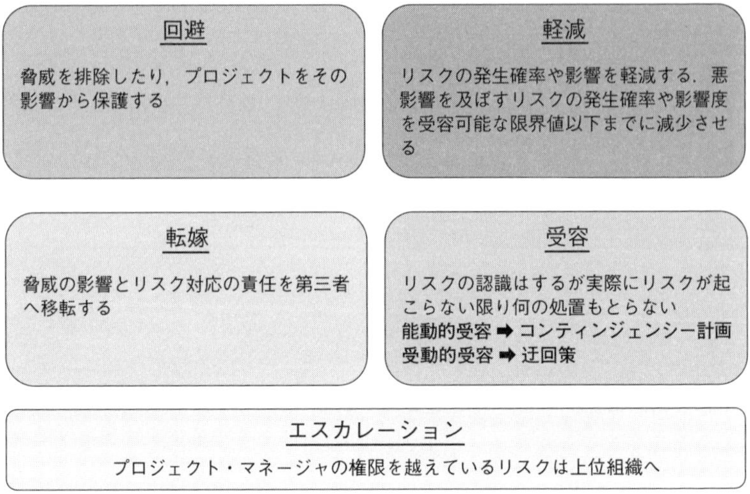

回避	軽減
脅威を排除したり，プロジェクトをその影響から保護する	リスクの発生確率や影響を軽減する．悪影響を及ぼすリスクの発生確率や影響度を受容可能な限界値以下までに減少させる

転嫁	受容
脅威の影響とリスク対応の責任を第三者へ移転する	リスクの認識はするが実際にリスクが起こらない限り何の処置もとらない 能動的受容 ➡ コンティンジェンシー計画 受動的受容 ➡ 迂回策

エスカレーション
プロジェクト・マネージャの権限を越えているリスクは上位組織へ

図 14-1 　脅威への戦略（マイナスのリスクへの戦略）

① **軽減戦略**

　リスクの発生確率や影響を軽減すること．悪影響を及ぼすリスクの発生確率や影響度を受容可能な限界値以下になるまで減少させる．

② **回避戦略**

　脅威を排除するなどして，プロジェクトをそのリスクの影響から保護すること．

③ **転嫁戦略**

　脅威の影響とリスク対応の責任を第三者へ移転すること．

④ **受容戦略**

　リスクを認識するが，実際にリスクが起こらない限り何の処置もとらないこと．積極的受容（能動的受容）と消極的受容（受動的受容）がある．積極的受容は，リスクが顕在化したときに使える時間や資金を準備しておく程度の対応であり，消極的受容は何も準備しないという対応のこと．

⑤ **エスカレーション戦略**

　プロジェクトでの対応能力を越えると判断したリスクの場合に，プロジェクトの上位組織へ通知して対応を依頼すること．組織的には対応できないリスクを，そのままにしておくことは望ましくない．

活用	強化
好機が確実に到来するようにし，上向きのリスクに関する不確実性の除去を目指す	プラスの影響を持つリスクに関する主要な要因を特定しそれを最大化することにより，その発生確率の増加させるもの

共有	受容
プロジェクトの利益となる好機をとらえる能力の最も高い第三者に，好機を実行する権限の一部または全部を割り当てる	積極的にはその利益を追求しないが，好機が実現したとき，その利益を享受しようというもの

エスカレーション
プロジェクト・マネージャの権限を越えているリスクは上位組織へ

図 14-2　好機への戦略（プラスのリスクへの戦略）

　好機への戦略とは，顕在化してほしいリスクへの対応策のことで，強化，活用，共有，受容，エスカレーションがあります（**図 14-2**）．

① **強化戦略**
　プラスの影響を持つリスクに関する主要な要因を特定し，好機の発生確率やプラスの影響，あるいはその両方を増加させること．

② **活用戦略**
　好機が確実に到来するようにし，プラスのリスクに関する不確実性の除去を目指すこと．

③ **共有戦略**
　プロジェクトの利益となる好機をとらえる能力の最も高い第三者に，好機を実行する権限の一部または全部を割り当てること．

④ **受容戦略**
　積極的にはその利益を追求しないが，好機が実現したとき，その利益を享受しようというもの．受容戦略は，プラスのリスクにもマイナスのリスクにもあり，積極的受容と消極的受容の両方を考えることができる．
　「積極的受容」の例としては，「試験対策は特に行わないが，合格した場合には，資格活用のための研究会に参加する時間と参加費を用意しておく」とい

うことなどが該当する.

「消極的受容」の例としては,「試験対策は行わず,プラスのリスクが顕在化したとしても何も用意しない」ということなどが該当する.

⑤ **エスカレーション戦略**

プロジェクトでの対応能力を越えると判断したリスクの場合に,プロジェクトの上位組織へ通知して対応を依頼すること.例えば,顧客から,このプロジェクト案件とは別の大型案件の提案依頼が随意契約で求められるような場合に該当する.速やかに上位組織に通知して,契約に結び付けることが必要.

プラスとマイナスのリスクに対する対応戦略をまとめると,次のようになります(**表14-1**).

表14-1 リスク顕在化前の対応策(戦略)

想定されるリスク	対応策(戦略)	
脅威(マイナス)のリスク	回避	
	軽減	
	転嫁	
	エスカレーション	
脅威・好機のリスク	受容	能動的受容
		受動的受容
好機(プラス)のリスク	エスカレーション	
	活用	
	共有	
	強化	

ここからは,リスクが顕在化した場合の対応策について述べます(**図14-3**).

リスクには,「既知の未知のリスク」と「未知の未知のリスク」があります.

既知の未知のリスクとは,プロジェクト・マネージャが顕在化するかもしれないと想定しているリスクのことです.

未知の未知のリスクとは,まったく想定外のリスクのことです.

コンティンジェンシー計画(contingency plan)とは,既知の未知のリス

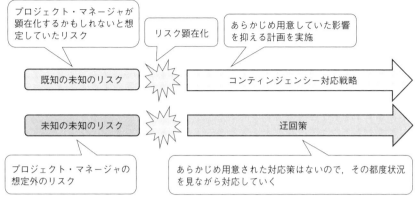

図14-3　リスクが顕在化した後の対応策（戦略）

クが顕在化した場合に実施する計画のことです．また，この計画を実施することを**コンティンジェンシー対応戦略**といいます．

　未知の未知のリスクが顕在化することがあります．このようなリスクが顕在化した場合には，迂回策を講ずることが必要になります．

　迂回策は，とりあえず実施する暫定的な対応策なので，これでリスクへの対応が終了するわけではありません．迂回策をとったのち，リスク・マネジメント・フローに従ってリスクを分析し，正式な対応策をとる必要があります．例えば，数年前のプロジェクトでは，「新型感染症の流行でプロジェクト活動に支障が出るリスク」は，想定外のリスクであり，それが顕在化した場合には，迂回策として「外出からは戻ったときは，手を洗う，うがいをする」「密集，密接，密閉を避ける」が試行錯誤的に実施されました．

14.2　リスク対応策の実行プロセス

　リスク対応策の実行プロセスは，リスクの特定を行い，それぞれのリスク対応戦略に基づいて対応策を実施し，リスクが顕在化した場合にはコンティンジェンシー計画に基づき対応していくことです．また，特定が行われていないリスクが顕在化した場合には，迂回策を実行します．

　このプロセスでは，特定したリスクが顕在化したかどうかを識別するための

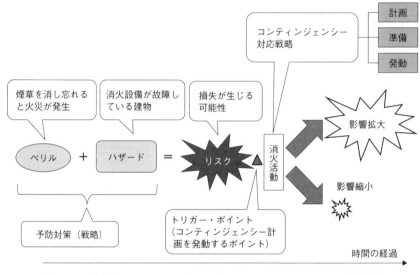

図 14-4　予防対策，リスク，トリガー・ポイント，コンティンジェンシー対応戦略

トリガー・ポイントの設定が必要です（**図 14-4**）.

　リスク特定のプロセスで，マイナスのリスクとして起きてほしくないことを提示し，その原因として想定されるものをリスクとして特定します．特定したリスクの定性的分析を行い，マイナスのリスクに対する対応戦略を立案します．これらは，予防対策といいます．しかし，リスクは顕在化することがあります．ここで大切なのは，リスクが顕在化したときに，いつの段階でコンティンジェンシー計画を発動するか，というタイミングです．これをトリガー・ポイントといいます．

　コンティンジェンシー計画を作成する技法として，新 QC7 つ道具の中に，PDPC 法があります．

　PDPC 法（Process Decision Program Chart）とは，当初の実施計画を描き，その計画の実施過程での状況変化に応じて，計画の補完を行いながら目的を達成することに適した図法のことです．例えば，警察機構などは，ハイジャックや立てこもり事件など，あらかじめこのような事案が発生したらどのように行動すべきかという計画をつくっています．事案が発生し，まずは人質の解放や犯人の確保という目標の達成に向けて，相手の出方を見ながら交渉や情報収集を行

い，最適解に向けて行動します．このように最適解を得るための行動計画は，平時からPDPC法を使ってつくっておくことが望まれます．

　企業などでも，**事業継続計画**（BCP：Business Continuity Plan）をつくっておくことが求められます．これは，企業が自然災害，大火災，テロ攻撃などの緊急事態に遭遇した場合に，事業資産の損害を最小限にとどめつつ，中核事業の継続あるいは早期復旧を可能とするために，平常時に行うべき活動や緊急時における事業継続のための方法，手段などを取り決めておく計画のことです．

14.3　リスクの監視プロセス

　このプロセスでは，対応策（対応戦略）の実行状況を見ながら継続的に監視しフォローしていきます．

　プロジェクトのインプットである作業パフォーマンス・データや作業パフォーマンス報告書を参照しながら，それぞれのリスクのリスクスコアがどのように変化し，トリガー・ポイントを超えて，リスクが顕在化していないかを監視します．

　作業パフォーマンス・データや作業パフォーマンス報告書には，EVMや品質報告書，スケジュールの計画と実績の差異報告などが該当します．

　このプロセスのツールと技法には，データ分析，監査などがあります．データ分析には，技術的パフォーマンスの分析，予備設定分析などがあります．技術的パフォーマンスの分析では，作業パフォーマンス・データや作業パフォーマンス報告書を見て，リスクをどのように分析し評価できるかを判断します．予備設定分析は，残存しているコンティンジェンシー予備が十分であるかどうかを判断するために，プロジェクトの任意の時点において，コンティンジェンシー予備の残余量と残存リスク量を比較することです（**図14-5**）．

　ここで，コンティンジェンシー予備とマネジメント予備を整理しておきます（**表14-2**）．

　リスクの監視プロセスで実施する監査とは，**リスク監査**（Risk Audit）のことです．プロジェクトでは，プロジェクト・マネージャやプロジェクト・メンバーによってリスク・マネジメントが行われていますが，リスク・マネジメント

コンティンジェンシー予備

残存リスクが顕在化した場合に，どのような対応をするのか，その対応のために必要な時間と費用のこと．
予備が不足しているならば増加させておくことが必要．

残存リスク量

リスク対応を行っても完全に消滅しないリスクがある．
許容範囲以下のリスクであっても顕在化する可能性はあり，それらのリスクを合わせたもの．

図14-5　予備設定分析

表14-2　コンティンジェンシー予備とマネジメント予備

コンティンジェンシー予備	マネジメント予備
特定したリスクが発生した場合の費用および時間．プロジェクト目標を超過してしまうリスクを，組織が受容できる水準まで低減するため，プロジェクトの見積りに上乗せして計上する金額や時間のこと．	特定できなかったリスクが顕在化した場合の費用および時間のこと．
リスクを特定している．	リスクが特定されていない．
特定したリスクが発生した場合の引当金	未知のリスクが発生した場合の引当金
「既知の未知：Known Unknown（予測できるが不確実な事象）」のリスク	「未知の未知：Unknown Unknown（予測できない不確実な事象）」のリスク
コスト・パフォーマンス・ベースラインに含まれる．	コスト・パフォーマンス・ベースラインに含まれない．
プロジェクト・マネージャの裁量で使用できる．	マネジメント予備を使う場合，プロジェクト・マネージャはプロジェクト・スポンサーの承認（プロジェクト・マネージャの裁量では使用できず然るべき場での承認）が必要となる．
EVMの対象	EVMの対象外

の有効性を発揮させるには，リスク監査を監査技術とリスク評価の専門的な訓練を受けた第三者（リスク監査人）が実施することが望まれます．組織には，リスクの種類に合わせて，複数人のリスクオーナー（リスクの責任者）を設けることが一般的です．リスク監査人は，リスクオーナーの適格性やリスクの特定の妥当性やリスク対応策の有効性などを評価します．

　システム開発のリスクについては，第三者的な立場でPMOがリスク監査を

行う場合があります．

　PMO（Project Management Office）とは，組織内におけるプロジェクトマネジメントの管理や支援を横断的に行う部門や人のことです．

　PMOは，組織にいくつかのプロジェクトが並行的に実行されている場合，それぞれのプロジェクトが持っているリスクスコアの合計（総合リスクスコア）をグラフ化して，組織的に監視していく仕組みを導入することもあります．リスクは，定期的に監視し，変化に気づいた場合，対応策を実施します．プロジェクトにとって，最も危険な状態は，リスクの監視をやめてしまうときです．

　ある企業でPMOが実施していた「組織的に総合リスクスコアの推移を見て危ないプロジェクトを監視していく仕組み」を説明します（**図14-6**）．

　縦軸に総合リスクスコアを表示し，横軸に開発工程を示します．ITシステム開発は，提案，受注，要件定義，設計，試験，出荷，出荷後という工程を進んでいきます．

　図中には，Aプロジェクト，Bプロジェクト，Cプロジェクト，および過去の類似プロジェクトの総合リスクスコアの推移を示しています．

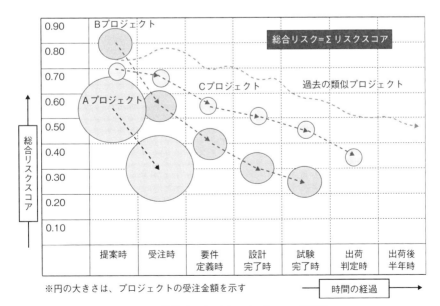

図14-6　複数プロジェクトのリスクスコアの推移

　円の大きさは，プロジェクトの受注金額です．受注金額が大きいということは，そのプロジェクトが失敗すると大きな損害が発生する可能性があり，総合リスクスコアが高いということは，危険な状態が続いているということです．一般的には，各プロジェクトでは，リスクスコアを低下させるための対応策をとっていきますので，プロジェクトが進行するに従って，リスクスコアは右下がりになっていきます．

　PMO としては，総合リスクスコアが高い状態のプロジェクトが存在していると，プロジェクト・マネージャに対して，「早く対応策をとって，総合リスクスコアをプロジェクトの許容範囲以下に下げるよう」に指示します．

　図中には，実施中のプロジェクトのみならず過去の類似プロジェクトの推移を示して，それとの比較を行って評価することもできます．

第15章

調達マネジメントとプロジェクト統合マネジメント終結段階

　調達（procurement）とは，組織が使用することで直接便益を得るために，一般的に契約を通して，最も可能性のある費用，適切な数量と品質で，適切な時点に，適切な場所で，財またはサービスを取得することです．自社に技術・ノウハウがない，要員がいない，または足りない，自社で実施するには経営効率が悪いなどの場合に，調達を行います．

　システム開発に関連する調達がどのような場面で行われるのか，事例を挙げて解説します（**図 15-1**）．

　一般事業会社は，外部環境分析，内部環境分析を行い，数年先の自社の経営のあるべき姿を描いて「経営戦略企画書」を策定します．

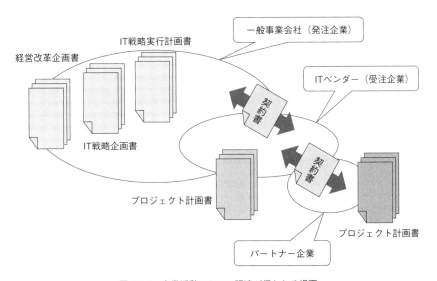

図 15-1　企業活動において調達が行われる場面

経営戦略企画書が社内で承認されると，IT に関連する課題解決のために，「IT 戦略企画書」を策定します．

一般事業会社では，IT 戦略企画書を基に，どの部門でどのような業務改革を行うかを検討し，業務改革にどのような IT システムがいつごろまでに必要か，などをまとめた「IT 戦略実行計画書」を策定します．

大企業でなければ，IT システム開発のための要員は，多くはいません．したがって，IT システム開発を実行できる IT ベンダー数社に依頼する必要があります．そのため，どのような業務においてどのような IT システムが必要かを提案依頼書として発行します．提案依頼書を受け取った IT ベンダー数社は，システム開発要件をまとめて提案書として一般事業会社に提出します．一般事業会社は，評価基準に基づいて提案書を評価し，最優秀の提案書を提出した IT ベンダーと契約を結び，システム開発プロジェクトが始まります．IT ベンダーは自社の要員だけで開発できない場合には，パートナー会社の要員を契約に基づいて調達することもあります．この場合，パートナー会社も依頼された範囲のプロジェクト計画書を作成し，システム開発を行うことになります．

調達マネジメントの知識エリアには，次の 3 つのプロセスがあります（**図 15 -2**）．

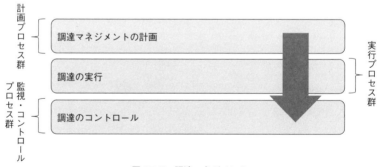

図 15-2　調達マネジメント

15.1　調達マネジメントの計画プロセス

　プロジェクトにおける調達に関する方針，手続きを，調達マネジメント計画書に文書化し，納入候補者を特定するプロセスです．

　このプロセスのインプットには，調達に関する組織のプロセス資産があります（図15-3）．

　これは，組織にはこれまでに承認されている納入者のリストがあり，調達に関する方針や手順，進め方，ガイドラインなどがあり，その組織で適用される契約の形態があるということです．

　契約の形態には，大きく分けると定額契約，実費償還契約，タイム・アンド・マテリアル契約があります．

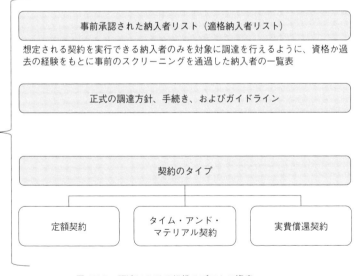

図15-3　調達における組織のプロセス資産

15.2 定額契約

定額契約（Fixed Price Contract）は，一括請負契約と呼ばれることもあり，明確に定義された調達品に対する固定価格を定めています．この契約は，購入者はすでに確定している固定価格を支払うのみであり，納入者は仕事の進め方によっては高いリスクを伴います．

定額契約は，さらに詳細に分類すると，完全定額契約，定額インセンティブ・フィー契約，経済価格調整付き定額契約などがあります．

15.2.1 完全定額契約（FFP 契約）FFP : Fixed Firm Price

仕様（スコープ）が明確になっていることが前提条件です．また，契約金額が完全に固定されているのが特徴です．

完全定額契約の事例
購入者「仕様と納期はこの通りです．１千万円で契約しましょう.」
納入者「わかりました．完全に定額ですね.」

15.2.2 定額インセンティブ・フィー契約（FPIF 契約）FPIF : Fixed Price Incentive Fee

基本は定額ですが，納入者のパフォーマンス結果（納期，品質など）により，上限付きのインセンティブ（報奨）を決定します．このインセンティブはあらかじめ定めた評価指標に基づいて決めます．

定額インセンティブ・フィー契約の事例
購入者「仕様と納期はこの通りです.」
納入者「スコープは明確ですね.」
購入者「１千万円で契約しましょう.」
納入者「契約金額は固定ということですね.」
購入者「納期が１週間早まったら，追加で最大２百万円を支払います.」
納入者「これがインセンティブですね.」

15.2.3　経済価格調整付き定額契約（FP-EPA 契約）FP-EPA：Fixed Price with Economic Price Adjustment

基本は定額ですが，契約が長期間の場合に，経済状況の変化などを加味して，最終決定します．契約金額は，インフレ率，原材料の相場，為替レートによって調整を受けます．

経済価格調整付き定額契約の事例

購入者「仕様と納期はこの通りです．」

納入者「スコープは明確ですね．」

購入者「1 千万円を基本の契約金額としましょう．」

納入者「契約金額は定額ということですね．」

購入者「100 万円分の輸入資材について，輸入時の為替レートで調整しましょう．」

納入者「これが価格調整分ですね．」

‖ 15.3　実費償還契約

実費償還契約（Cost Reimbursable Contract）は，納入者が実際にかかったコストに，納入者の利益相当分を加えた金額を購入者が納入者へ支払います．これは購入者にとって，プロジェクトが完了するまでトータルのコストがわからないということになり，購入者にとって高いリスクになります．

実費償還契約は，さらに詳細に分類すると，コスト・プラス・インセンティブ・フィー契約（CPIF 契約），コスト・プラス・アワード・フィー契約（CPAF契約），コスト・プラス定額フィー契約（CPFF 契約），コスト・プラスパーセンテージ契約（CPPC 契約）などがあります．

15.3.1　コスト・プラス・インセンティブ・フィー契約（CPIF 契約）CPIF：Cost Plus Incentive Fee

コスト・プラス・インセンティブ・フィー契約とは，納入者の期待利益に加え，納入者がどれだけ頑張ったかというパフォーマンス評価に基づくインセンティブ

を加える形態の契約です（**図 15-3**）.

　FPIF との違いは，納入者利益の上限／下限が設定されるところです．実際に納入者がかかったコストに加えて，納入者へのインセンティブを支払います．インセンティブは，見積りコストと実コストの差額から計算されます．これにより，納入者はコストを抑えようと努力するはずです.

コスト・プラス・インセンティブ・フィー契約の事例

　仮に，目標価格を 110 万円（納入者の目標コスト 100 万円に加えて目標利益を 10 万円）とします．実際のコストの変動分（実コスト－目標コスト）を，購入者と納入者の分担の比率を 8 : 2 と決めておきます.

　ただし，納入者への支払い金額の上限は 120 万円とします．実際にかかったコスト別に，購入者から納入者への支払い金額を以下に示します.

Case1. 実コストが 100 万円の場合，実コストの変動分は，0 です．この場合，納入者は（100＋10）万円を受け取り，10 万円の利益となります（目標通りです）.

Case2. 実コストが 105 万円の場合，実コストの変動分は，－5 万円です．この場合，5 万円のコスト増を，購入者：納入者＝8：2 で分けて，納入者に 5×0.2＝1 万円の負担をさせます.

　　　　したがって，実コスト 105＋（10[目標利益分]－1[納入者の負担分]）＝114 万円となり，納入者は 114 万円を受け取り，9 万円の利益となります．納入者のコスト超過により利益が減少します.

Case3. 実コストが 90 万円の場合，実コストの変動分は，100－90＝10 万円です．この場合，10 万円のコスト減を，購入者：納入者＝8：2 で分けて，納入者に 2 万円のインセンティブを与えます．したがって，実コスト 90＋（10[目標利益分]＋2[納入者のインセンティブ]）＝102 万円となり，納入者は 102 万円を受け取り，12 万円の利益となります．納入者のコスト削減により，利益は増えます.

Case4. 実コストが112.5万円の場合, 実コストの変動分は, 100−112.5=12.5万円です. この場合, 12.5万円のコスト増を, 購入者：納入者＝8：2で分けて, 納入者に2.5万円の負担をさせます. これにより, 納入者は112.5(実コスト)＋(10[目標利益分]−2.5[納入者の負担分])＝120万円（受け取りの上限額）を受け取り, 7.5万円の利益となります. ここで, 支払金額の上限120万円に達しましたので, これ以上, コストをかけると, 全てのコストが納入者にふりかかってきます. この金額のことをPTA（Point of Total Assumption：配分比率適用限界コスト）といいます.

Case5. 実コストが120万円の場合, 納入者は上限金額の120万円を受け取り, 利益ゼロとなります.

Case6. 実コストが130万円の場合, 納入者は上限金額の120万円を受け取り, マイナス10万円の損失となります.

実コスト 100 万円	目標利益 10 万円	目標コストと実コストの変動分について 購入者：納入者＝8：2で分担	インセンティブ	購入者から納入者への支払額 （納入者の受取額，納入者の利益）
90	10	(100−90＝)10×0.2	+2	(100−90+2＝)102（利益12）
100	10	(100−100＝)0×0.2	0	(100+10+0＝)110（利益10）
105	10	(100−105＝)−5×0.2	−1	(105+10−1＝)114（利益9）
112.5	10	(100−112.5＝)−12.5×0.2	−2.5	(112.5+10−2.5＝)120（利益7.5）
120	10	(100−120＝)−20×0.2	−4	(120+10−4＝126 だが)120（損益0）
130	10	(100−130＝)−30×0.2	−6	(130+10−6＝134 だが)120（損失10）

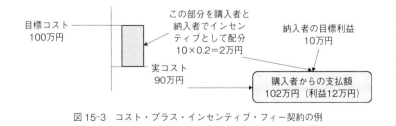

図15-3 コスト・プラス・インセンティブ・フィー契約の例

15.3.2 コスト・プラス・アワード・フィー契約（CPAF 契約） CPAF：Cost Plus Award Fee

アワード・フィーとは,「納入者がパフォーマンス基準を満たした」と, 購入者が判断した場合のインセンティブ・フィーのことです.

実費償還契約ではあるのですが, 購入者は納入者の期待利益とアワード・フィーを支払います. アワード・フィーは契約によって定めます. アワード・フィーを支払う基準に達したかどうかは, 購入者が判断します. 通常, 納入者は購入者が判断したアワード・フィーに不服をいうことはできません.

コスト・プラス・アワード・フィー契約の事例

納入者「100 万円かかりました. 利益は 10 万円でお願いします.」
購入者「品質が良いので 2 万円のアワード・フィーを追加しましょう.」
納入者「頑張ったのですから, もう少しアワード・フィーをアップしてください」
購入者「だめです. これで評価します. 112 万円支払います.」

15.3.3 コスト・プラス定額フィー契約（CPFF 契約）CPFF：Cost Plus Fixed Fee

実費償還契約です. 納入者のパフォーマンスは評価せず, 当初, 定めた固定額のフィーが支払われます.

コスト・プラス定額フィー契約の事例

購入者「○○の取材をお願いします. 取材費（定額のフィー）は 10 万円で, 交通費と必要経費は実費を請求してください.」
納入者「わかりました.」

15.3.4 コスト・プラスパーセンテージ契約（CPPC 契約）CPPC：Cost Plus Percentage of Cost

実費償還契約です. 納入者のパフォーマンスは評価されず, 当初定めた一定比率を掛けた定額フィーが支払われます.

> コスト・プラスパーセンテージ契約の事例
>
> 購入者「○○の取材をお願いします．取材費（定額のフィー）は10万円
> 　　　　で，その10%（1万円）で交通費と必要経費を賄ってください．」
> 納入者「わかりました．」

15.4　タイム・アンド・マテリアル契約

　タイム・アンド・マテリアル契約（Time and Material）とは，実費償還型
と定額型の両面を持つ複合型の契約上の取り決めです（**図15-5**）．

　契約の全体額が取り決められていない点において，実費精算の契約内容に似
ています．逆に，技術者や装置の使用に対する価格は，あらかじめ定額の単価が
使われています．

　調達マネジメントの計画のツールと技法には，データ分析，発注先選定分析
などがあります．

| 1. 打合せの中で，作業を洗い出し |
| 2. 打合せの内容に基づき，見積書を作成 |
| 3. 見積書を承認 |
| 4. 作業を実施 |
| 5. 作業実績に基づき，作業報告書と請求書提出 |
| 6. 見積り額を上限とし，予算を超えることのないようにコントロール |

コンサルタント価格表（単位：円）			
時間数	シニアコンサルタント	コンサルタント	テクニカルライター
ご訪問半日（3.5時間）	120,000	90,000	60,000
ご訪問1日（7時間）	200,000	140,000	100,000
弊社内作業1時間あたり	20,000	16,000	10,000

図15-5　タイム・アンド・マテリアル契約の進め方と価格の例

15.5　調達のデータ分析技法

　調達のデータ分析技法には，内外製分析があります．内外製分析とは，プロジェクトに必要な物品やサービスを購入するか，または自社で生産するかを判断するために用いる一般的なマネジメント技法です．外部から調達をするかどうかを判断するためには，モノやサービスを自社で生産した場合と，外部から調達した場合でどちらが得かを判断する必要があります．

　内製する場合のメリットは，自社にノウハウの蓄積が期待でき，自社の人材育成になります．

　外製する場合のメリットは，手っ取り早く期待する価値を手に入れることができますが，デメリットとしては，自社の技術，ノウハウの流出のリスクがあり，調達作業範囲記述書や調達マネジメントが必要となります．

　内外製分析の技法としては，便益費用分析法，回収期間法，投資収益率法，割引キャッシュフロー法，正味現在価値法，内部収益率法などがあります．

15.5.1　便益費用分析法（BCA法：Benefit Cost Analysis Method）

　便益費用分析法とは，ある事業の目的を達成するための諸案の採否決定にあたり，投資費用とそれによって得られる便益を比較し，評価する技法です．プロジェクトがもたらす金銭的価値とプロジェクトの導入費用を比較する技法です．以下に示すBCR（Benefit Cost Ratio）が1以上であれば，初期投資額を回収できると判断されます．

$$BCR = \frac{\text{収益（Benefit）}}{\text{投資費用（Cost）}}$$

15.5.2　回収期間法（Payback Period Method）

　回収期間法とは，プロジェクトでつくられた製品がライフサイクル期間で見込める収入に着目して，プロジェクト投資費用を回収するために必要な期間を算出する技法です（**表15-1**）．

　投資効果を評価する方法で，投資額が何年で回収されるかを算定し，その期

表15-1　回収期間法の例

	0年度	1年度	2年度	3年度	4年度	5年度
投資額	150	−	−	−		
CF額	0	70	60	80		
回収額	− 150	− 80	− 20	+ 60		

CF額　＝累積キャッシュフロー額
回収期間＝2年＋a　　　　$a = 20/80 = 0.25$
　　　　＝2.25年

間によって投資事案を評価します．この技法では，回収期間が短いプロジェクトが優先される傾向にあります．回収期間法の問題点としては，貨幣の時間的価値を考慮していないため，正確性に欠ける点があります．

$$回収期間＝\frac{投資額}{\Sigma（投資額に追いつくまでのキャッシュフロー）}$$

15.5.3　投資収益率法（ROI法：Return On Investment Method）

投資収益率法とは，収益を投資額で割ることによって投資収益率を算出し，プロジェクト投資を評価する技法です．　つまり収益が投資額よりも小さい場合，ROIは100%を切ってしまいますので，ビジネスが赤字に終わってしまう可能性が高いことがわかります．

$$投資収益率＝\frac{（売上−売上原価−投資額）}{投資額}×100（\%）$$

15.5.4　割引キャッシュフロー法（DCF法：Discounted Cash Flow Method）

割引キャッシュフロー法は，将来受け取るお金（FV：Future Value）は，現在より貨幣価値が低いという考えに基づいて，将来に受け取る金額を現在の貨幣価値（PV：Present Value）に換算してプロジェクト投資を評価する技法です（**表15-2**）．今年の100万円（PV）は，割引率が0.01の場合，3年目には，ほぼ97万円（FV）になります．

表 15-2　割引キャッシュフロー法の例

$$PV = FV / (1+r)^n$$

PV：現在価値
FV：将来価値
r：割引率（r>0）
n：期間

| | r = 0.01 の場合（単位：万円） | | |
0 （現在）	1 年目	2 年目	3 年目
100	99.0099	98.0296	97.05901

15.5.5　正味現在価値法（NPV 法：Net Present Value Method）

正味現在価値法とは，投資案件から将来得られると予想される収益の現在価値の合計額から，投資金額を差し引いた差額で投資効果を評価しようとするものです．

現在価値 PV は，将来価値（$FV = PV \times (1+r)^n$）を現在の価値に換算したものです（**図 15-6**）.

正味現在価値 NPV は，将来の収入の現在価値の総和から，現在の投資コストを差し引いた値です（**図 15-7**）. プロジェクトに対する投資効果を評価する指標として用いられます．

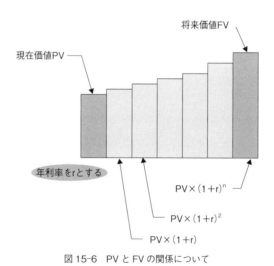

将来価値FV

現在価値PV

年利率をrとする

$PV \times (1+r)^n$

$PV \times (1+r)^2$

$PV \times (1+r)$

図 15-6　PV と FV の関係について

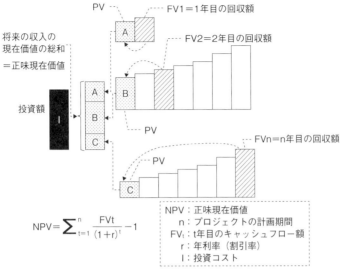

$$NPV = \sum_{t=1}^{n} \frac{FV_t}{(1+r)^t} - 1$$

NPV：	正味現在価値
n：	プロジェクトの計画期間
FV_t：	t年目のキャッシュフロー額
r：	年利率（割引率）
I：	投資コスト

図 15-7　NPV について

15.5.6　内部収益率法（IRR 法：Internal Rate of Return Method）

内部収益率法とは，内部収益率と年金利を比較し，投資効率の良し悪しを判断する技法です（**図 15-8**）．

内部収益率とは，「正味現在価値 NPV（＝投資額）」，すなわち「投資額と将来の収入の現在価値の総和が同じ額」になる年利率 r のことです．

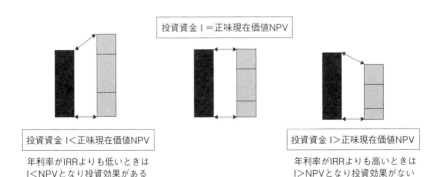

図 15-8　正味現在価値と投資額の比較

15.6　発注先（納入者）選定分析

発注先（納入者）選定分析には，最小コスト法，資格のみ選定法，品質ベースあるいは最高技術プロポーザル・スコア法，品質およびコスト・ベース法，単一候補法，固定予算法などがあります．

● 最小コスト法
　　文字通り，最小のコストを提案した納入候補者を選定する方法．

● 資格のみ選定法
　　特定の資格の保有者数で選定する方法．例えば，情報処理技術者試験の資格やPMPを保有している社員数などで発注先を選定する方法．

● 品質ベースあるいは最高技術プロポーザル・スコア法
　　発注先の選定プロセスに，まず，購入企業が要求する技術的要件や品質要件を満たすと考えられる企業が選定され，提案書の内容も技術や品質に関する観点で評価する選定方法．

● 品質およびコスト・ベース法
　　品質の観点に加えて，コストの観点も選定の基準として持っている選定方法．

● 単一候補法
　　上流のシステム開発を行った企業を，下流のシステム開発に選定する方法．このような契約方法を随意契約という．

● 固定予算法
　　購入者がまず予算を提示し，その予算内で最もランクの高い提案書を提出した納入候補者を選定する方法．

15.7　調達マネジメント計画のアウトプット

調達を組織的・体系的に推進していくためには，調達に関する基本方針，計画を策定し，文書化しておくことが必要です．調達マネジメントの計画の成果物は，調達マネジメント計画書，入札文書（調達文書），調達作業範囲記述書，発注先選定基準，内外製決定，独自見積りなどがあります．

15.7.1　調達マネジメント計画書

調達マネジメント計画書には，プロジェクトが外部から物品やサービスを獲得する方法を記述します．内容としては，主要な調達活動のタイムテーブル，調達に関連するステークホルダーの役割と責任，調達に影響を及ぼす制約条件や前提条件などがあります．

15.7.2　入札文書（調達文書）

入札文書（調達文書）は，納入候補から提案書（Proposal）を得るときに使用する文書です．この文書の種類としては，入札招請書，情報提供依頼書，提案依頼書，見積依頼書などがあります．

（1）　入札招請書（IFB：Invitation for Bit）

入札招請書は，発注側が調達や業務委託する場合に，納入者に対し調達に入札するよう求める文書です．

（2）　情報提供依頼書（RFI：Request for Information）

情報提供依頼書は，発注側が情報システムの構成要件や調達条件を考える際に，基礎的な情報が不足している部分を解消するために作成する文書です．技術や当該分野の事情などに通じていない場合や，初めて扱うシステム，取引したことのない事業者に発注する場合など，各企業の製品やサービス情報といった幅広い情報収集を目的としています．情報提供依頼を行うことで，公平に情報収集をしながら比較をすることができます．専門性の高い情報について何もわからない状態では，システム開発の発注はできません．

（3）　提案依頼書（RFP：Request for Proposal）

提案依頼書は，発注側が自社システムに必要な要件や実現したい業務といった，解決したい課題と導入後のあるべき姿を提示することが目的です．そして，その提示された内容に対し，入札候補となる事業者（受注側）は発注側の課題や要件をきちんと把握した上で提案することができます．提案依頼書によって，同じ条件で複数の入札候補となる事業者から提案を客観的にみることができるほ

か，発注側および入札側の双方に認識の差を縮めることができます．

（4）　見積依頼書（RFQ：Request for Quotation）

　見積依頼書とは，つくりたいサービスの仕様やほしい物品の数量を提示し，価格やその内訳などを記載した見積書を入札候補の事業者へ依頼する文書です．

15.7.3　調達作業範囲記述書

　調達作業範囲記述書（SOW：Statement of Work ）とは，プロジェクト・スコープ・ベースラインに基づき作成し，当該パートナーとの契約に含めるスコープの部分だけを規定します（**表15-3**）．

　調達作業範囲記述書には，納入候補がプロダクト，サービス，所産を供給する能力があるかどうかを判断できるような十分な詳細さで調達品目に関わる事項を記述します．

　付託事項（TOR：Terms of Reference）とは，特別な取り決め事項のことです．

表 15-3　調達作業範囲記述書の例

仕様	何をするのか，どのようなものをつくるのかなどの具体的な内容
必要な数量	10 人，5 冊，プログラム 20 本など
品質レベル	技術者の場合 A ランク×5 名，システムの場合 SLA として具体的な品質，性能など
パフォーマンス・データ	勤務時間 8H／日，160H／月，生産性＝20 頁／日など
実施期間	4/1 ～ 9/30
作業場所	自社，または当社プロジェクト・マネージャが指定した作業室
その他の要求事項	毎週金曜日に 2 時間の進捗を報告することなど
付託事項	問合せには確実に回答することなど

15.7.4　発注先選定基準

　発注企業側では，発注のための推進体制を立ち上げます．この体制で調達のために必要な要件をまとめた調達要件定義書を作成します．次に，その定義書に基づいて提案依頼書を作成すると同時に，提案評価基準書を作成しておきます．

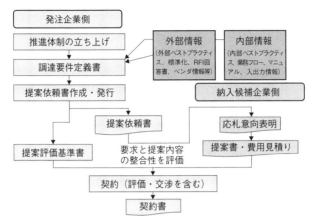

図 15-9　提案依頼書，提案評価基準書，提案書の関係

　提案評価基準書は，提案依頼書の内容を踏まえて，納入候補企業からの提案書を受け取る前までに作成しておきます．納入候補企業側では，応札する意思を示し，提案書と費用見積りを提出します（**図 15-9**）．

　発注先選定基準とは，納入候補からの提案書の等級づけや採点のために作成し使用するものです（**表 15-4**）．

　提案評価基準を作成した上で，複数の納入候補者からの提案書を受け取り，複数の評価委員により，提案書を評価します（**表 15-5**）．

　評価基準の中には，MUST 条件と WANT 条件を設定している場合があります．

● MUST 条件

　その条件を満たさなければ不合格とする条件のこと．

● WANT 条件

　満たしていれば高い評価が付与され，相対的に有利となる条件のこと．

　独自見積りとは，発注側企業がつくってもつくらなくてもよいのですが，提案書のコスト見積りと大きな差がある場合には，提案依頼書や調達作業範囲記述書が不適切または不明確だったといえます．

表15-4 提案評価基準の例

大項目	内容
納入候補の適正さ	経営基盤や技術力，導入実績など，システム開発納入候補としての適正さを評価する
基本事項の理解度	システムで実現させたい要求内容の認識度，提案書の要求充足度などを評価する
システム導入方針	IT導入詳細方式（導入形態，開発方式，内外製方式）や運用形態などを評価する
システム機能	画面構成や出力帳票，メニューなどの操作性，その他のシステム各機能について評価する
プロジェクト体制	プロジェクト体制，マネジメント方針，品質保証，ドキュメントの充実度などを評価する
開発費用・運用費用	予算との対応度，費用の妥当性や明瞭性，対象期間の運用費用などについて評価する
契約条件	契約形態，検収方法，費用や納期が超過した場合の措置などを評価する
その他の追加提案	提案書内で追加されている特筆すべき内容で，メリットがあるものは評価する

表15-5 提案評価基準と複数評価者と評価結果の例

評価項目（大項目）	評価点	重み
会社の経営状態	5-3-1	5
RFP内容の理解度	10-8-6-4-2	30
セキュリティ対策	3-2-1	10
組織成熟度	5-4-3-2-1	20
納期保証	5-3-1	10
技術力・マネジメント力	10-8-6-4-2	25
評価委員持ち点		100

提案評価基準

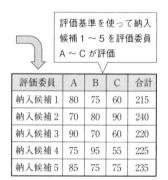

評価基準を使って納入候補1〜5を評価委員A〜Cが評価

評価委員	A	B	C	合計
納入候補1	80	75	60	215
納入候補2	70	80	90	240
納入候補3	90	70	60	220
納入候補4	75	95	55	225
納入候補5	85	75	75	235

15.8　調達の実行プロセス

　このプロセスでは，納入候補者から提案書による回答を得て，最終的な納入者を選定し契約を締結します．

　このプロセスのインプットには，納入候補の提案書などがあります．発注側が記述する提案依頼書の内容と納入候補者が作成する提案書の内容には，大きな違いがあります（**図15-10**）．

　発注側企業は自社の経営戦略を推進するために業務改革を行いますが，提案依頼書に記載すべき内容は，その実現に必要なシステムへの要求事項です．そのシステムにはどのような機能，性能，操作性，信頼性が要求されるのか，すなわち「どのようなソリューションが必要なのか」といった内容が必要です．

　一方，納入候補者が作成する提案書には，発注者側の要求に対する回答として，「その要求に対して，当社ならばこのように実現します」といった実現のシナリオ，具体的な手段の説明が必要です．

　このプロセスのツールと技法には，公告，入札説明会などがあります．公告

提案依頼書の記載事項	提案書の記載事項
このような業務プロセス（仕事の流れ）の中で，有効に動作するITソリューション（ITシステム）がほしい（**要求**）	そのITソリューションへの要求には、具体的に，このような機能を持つITシステムはいかがでしょうか？（具体的な**システム要件**）
例1）個人がICタグを接触させることによって乗車駅と下車駅を把握し，その情報を基に乗車運賃をそのICタグに連動したSUICAポイントから引き去るようなシステムがほしい．	例1）個人はICタグを購入しSUICAポイントをチャージする機能を持つ．各駅には，ICタグに乗降情報を書き込む装置を設置する．ICタグごとに乗降情報から運賃を計算し，SUICAポイントを引き去り，かつ乗降記録を蓄積するシステムを提案する．
例2）東京から福岡まで2時間以内に移動できる手段がほしい．	例2）ANAのジェット機に乗っていくことを提案する．

図15-10　提案依頼書と提案書の記載内容の違い

は，法令上の根拠に基づいて行われ，告知の対象となる情報の性質が公的なものを有していることが一般的です．官公署による公告は，主に官報や公報で行われます．官報や公報への掲載することにより，全国民が認知したということになります．

入札説明会への参加の流れは次の通りです．

● Step1. 公示案件の確認

入札に参加したい案件を発見したら，説明会の有無や参加するための条件を確認します．案件によっては，適合証明書等を求められることもありますので注意が必要です．この案件に関して，開催される説明会への参加は必須の場合もあります．仕様書は事前配布の場合もありますが，基本的には説明会で配布されます．

● Step2. 説明会への参加

当日，説明会会場では，入館の際に手続きと身分証明書を求められます．説明会会場へ入ると，まず名刺を提出します．説明会に参加している他企業のことを知るチャンスです．次に，仕様書を必要な部数入手します．着席し，入札説明会の開始となります．説明会が始まると，案件の担当官が仕様書（提案依頼書）を読みます．その後，質疑応答の時間を終えれば説明会を終了します．競合他社の参加によって，提案書の作り方が変わる場合があります．他社の強みや弱みがわかっていれば，その部分は自社にとって弱みであり強みですから，発注先の企業にとっての重要度の視点として提案書に表現してます．

このプロセスのアウトプットは，選定済み納入者，合意書などです．

選定済み納入者とは，プロポーザルまたは入札評価の結果に基づいて競争力があると判断された者です．複雑で高額な発注費が予想され，リスクが高い調達案件の最終的な承認には，納入者決定に先立ち早期の契約交渉と経営陣による承認が必要です．

契約交渉とは，契約内容を確定するための交渉です．提案評価基準から見た場合，たとえ最上位の納入予定者であっても満点の企業は少ないと考えられます．その場合，契約の前に発注側企業の期待値を上げてもらうことが必要です．

「プロジェクトマネジメントに不安があるならば，優秀なプロジェクト・マネージャをつけてもらう」「進捗遅れ，品質低下が予想されるならば，週単位の進捗報告，品質報告をルール化する」「納期遅延が予想されるならば，遅延の場合のペナルティ条項を追加しておく」といった取り決めを交渉します．

　契約交渉にあたっては，法務部門または外部の専門家に，法的な側面から指導を受けることも必要です．

　合意書（契約書）の作成にあたっての留意事項は次の通りです．

① 　選定済み納入者との約束事項が契約書に盛られていることを確認する．

② 　提案依頼書との整合性，不一致事項がある場合は，交渉により選定済み納入者との取り扱いを調整する．

③ 　選定済み納入者との業務における役割と責任分担を決定する．テストデータはいつまでにどちらが準備する，新システムの発注者社員への研修資料の作成や研修はどちらがどの程度実施する，といった役割と責任分担，マイルストーンを設定する．

④ 　費用の支払い方法，条件を確定する．特に受入テストに合格後のシステム開発費の振り込み時期などは重要．これに基づいて経理部門に対して経費発生額と時期を通知し，資金調達計画の検討を要請する．

⑤ 　SLA の数値項目の達成状況確認や未到達の場合の取り決め，すなわち SLM の仕組みを導入しておく．

15.9　調達のコントロールプロセス

　調達のコントロールとは，調達先との関係をマネジメントし，調達先との契約上のパフォーマンスを監視し，適切な変更と是正を行い，最終的には契約を終結することです．

　このプロセスのインプットには，合意書，調達文書，作業パフォーマンス・データなどが必要となります．

　このプロセスのツールと技法には，クレーム管理，データ分析，検査，調達監査などがあります．

　クレーム管理は，契約条件に従って，契約のライフサイクル（Contract

Lifecycle) を通して，過去のクレーム情報をデータベースに蓄積し，ほしい情報を好きなときに引き出せるようにマネジメントすることです．発注者と納入者が解釈上の問題点を持つような場合にクレームが発生します．

　当事者だけでクレームを解決できないような場合には，契約書で定めた裁判外紛争解決手続の手順に従って処理することがあります．すべてのクレームや紛争は，交渉を通じて和解に達するのが望ましいといえます．

　裁判外紛争解決手続（ADR：Alternative Dispute Resolution）とは，訴訟手続によらない紛争解決方法を広く指すものです．紛争解決の手続きとしては，「当事者間による交渉」と，「裁判所による法律に基づいた裁断」との中間に位置します．裁判外紛争解決手続は，相手が合意しなければ行うことはできませんが，紛争解決方法としては，あくまで双方の合意による解決を目指すものと，仲裁のように第三者によって法的判断が示されるものとに大別されます．裁判外紛争解決手続には，あっせん，調停，仲裁があります（**表 15-6**）．

　調達のコントロールに関するデータ分析技法としては，パフォーマンス・レビュー，EVM，傾向分析などがあります．

　調達の基本は，契約に基づき，納入先に最高のパフォーマンスを発揮させるために行うことです．契約に基づき，誤解のないようにステークホルダー間の調整

表 15-6　裁判外紛争解決手続

	あっせん	調停	仲裁
基本的な考え方	当事者による自主的な解決に比重が置かれている．	委員会が紛争の解決に向けて働きかける．	裁判所において裁判を受ける権利を放棄し，仲裁委員に判断を委ねるという仲裁契約の締結が前提となる．
委員	あっせん委員は1人でも手続きを行える．	3人の調停委員が合議によって手続きを行う．	3人の仲裁委員が合議によって手続きを行う．
期日	必ずしも期日を開く必要はない．	当事者双方の出席する期日を開くのが原則．	当事者双方の出席する期日に開くのが原則．
解決方法	・当事者間の合意で和解が成立する． ・和解契約書に強制力はない．	・当事者間の合意で調停が成立する． ・合意を促すものとして調停案の受諾勧告がある． ・調停書に強制力はない．	・仲裁委員の判断により仲裁判断が行われる． ・仲裁判断は確定判決と同様の効力がある．

東京都環境局『あっせん，調停，仲裁の主な相違点は』を参考に作成

を行い，協力し合って段取りよく，先んじてリスク・マネジメントを行い，納入者が最高のパフォーマンスを発揮できるように心がけることです．発注者は，丸投げせず，EVM，傾向分析などを行い，納入者が働きやすい場をつくることが求められます．

　検査とは，契約の観点で成果物に関するレビューであり，厳格に実施しなければなりません．

　調達監査とは，調達マネジメントの計画から調達のコントロールまでの調達のプロセスを体系的にレビューします．調達には資金が動きますので，提案依頼書の作成，評価基準の作成，評価委員の選定，納入者の選定，調達交渉，契約，調達のコントロールに至るまで厳格性，公平性が求められます．調達監査の目的は，母体組織の他のプロジェクトや当該プロジェクトにおいて，調達契約の作成と管理に反映すべき成功と失敗を特定することです．

15.10　プロジェクトやフェーズの終結プロセス

　プロジェクト統合マネジメントのプロジェクトやフェーズの終結プロセスが，終結段階で実施されます．

　プロジェクトは，いくつかのフェーズに分けて実施されることがあります．例えば，予測型開発アプローチのウォーターフォール型のシステム開発では，要求分析・要件定義フェーズから総合テスト・システムテストフェーズに至るフェーズがあります．この終了段階も，このプロセスが実施されます．

　このプロセスで実施することは，教訓をまとめ，最終報告書，プロダクト，サービス，所産の移管，すべての活動を完結させることです．

　このプロセスのアウトプットには，プロジェクト文書更新版（教訓登録簿），最終プロダクト，サービス，所産の移管，最終報告書，反省会とプロジェクトの終了を祝うことなどがあります．

15.10.1　教訓（Lessons Learned）

　教訓とは，プロジェクトを実施する過程で学んだことです．プロジェクトのどの時点においても教訓は特定できます．教訓は，プロジェクト記録の一つでもあ

り，教訓の知識ベースに収められます．プロジェクトやフェーズが終わる都度，教訓をまとめて活用していけば，次回のプロジェクトを成功に近づけることができます．プロジェクト・マネージャをはじめ，さまざまな役割で参加したプロジェクト・メンバーがそれを教訓として残していけば，大きな知識体系になります．プロジェクト・マネージャは，教訓登録簿を取りまとめていく体系と様式を提供し，プロジェクトに浸透させていくことも役割の一つです．

最終プロダクト，サービス，所産の移管とは，プロジェクトで創出したプロダクト，サービス，所産の全てを，本来所有すべきステークホルダーに引き渡すことです．

15.10.2 最終報告書

最終報告書は，プロジェクトの総まとめの文書です．次のような内容を盛り込みます．

① プロジェクトまたはフェーズの概要レベルの説明
② スコープ目標，スコープの評価に使用される基準，完了基準が満たされていることの証拠
③ 品質目標，プロジェクトやフェーズの品質評価に使用される基準，プロダクトの品質，検証と実際のマイルストーンの創出日，差異の理由
④ 受け入れ可能なコスト範囲，実コスト，差異の理由などを含むコスト目標
⑤ 最終のプロダクト，サービス，所産の検証概要

15.10.3 反省会

教訓登録簿に教訓として残すだけではなく，反省会を開催すべきです．プロジェクト遂行中に得られた多くの貴重な経験を，他や次の類似のプロジェクトに伝え，パフォーマンス向上に役立てるべきです．

反省会の検討項目としては，プロジェクト全体の運営に関しての成功点，失敗点，改良点を具体的に文書として残すのがよいでしょう．特に失敗点については，責任追及を目的とせず，原因分析を明らかにすることが重要です．

また，プロジェクト遂行を通じて得られたさまざまな経験やノウハウを，その

プロジェクト限りだったり関係者限りのものとせず，組織としてのプロジェクト遂行能力の向上（組織の成熟度向上）に役立てることを目的としましょう．

15.10.4　プロジェクトの終了を祝う

　最後に，プロジェクトの終了を祝います．成功しても失敗しても，完了したプロジェクトの終結時には，打ち上げ会を開催するのがよいでしょう．

　プロジェクト・チームは自分たちの成果を評価し合う場を設置すべきです．プロジェクト・マネージャは，プロジェクト・メンバーの努力を公式に認め，プロジェクトに参加してくれたことに感謝の意を表しましょう．このプロジェクトで経験したこと，学んだことをリマインドし，次のプロジェクトでこの経験をどのように活かしていけるかについて考えるきっかけを共有するのです．

Column

■仕事は，きちんとやってもらいましょう■

　プロジェクト・マネージャは，WBS に定義されているワークパッケージをそれぞれの見積りの中で，メンバーやパートナーに分担してもらい，きちんと予算内で作業を完了してもらうようにプロジェクト活動を行うことが仕事です．

　メンバーやパートナーも人なので失敗することもあり，品質に問題のある成果物をつくりだす場合があります．

　ここで，優しいプロジェクト・マネージャは，QCD のいずれかに失敗したメンバーやパートナーを許してしまいがちですが，許してしまうことでプロジェクト・マネージャが自分の責任として引き受けることになります．

　どちらの責任なのかを明確にして，メンバーやパートナーに実行責任を取ってもらうことが必要です．最終的な説明責任は，プロジェクト・マネージャにあります．そのメンバーやパートナーを選定し，相手が合意した条件で仕事をさせたのであれば，その条件できちんと作業をやってもらいましょう．

　プロジェクト・マネージャは，「親しき仲にも礼儀あり」を信条として，緊張感をもって仕事をすすめることも必要なのです．

索　引

サ行

タ行

ナ行

ハ行

参考文献

1. プロジェクトマネジメント知識体系ガイド PMBOK ガイド第6版（Project Management Institute, Inc）2018 年発行
2. プロジェクトマネジメント知識体系ガイド PMBOK ガイド第7版（Project Management Institute, Inc）2021 年発行
3. WBS/EVM による IT プロジェクトマネジメント，山戸昭三・永地恒一著（ソフト・リサーチ・センター）2009 年発行
4. ユーザー企業ソフトウェアメトリックス〜要点ハンドブック〜（一般社団法人　日本情報システム・ユーザー協会）2014 年発行
5. ソフトウェア開発分析データ集（2020 年版〜サマリー版〜）（独立行政法人情報処理推進機構）2020 年発行
   https://www.ipa.go.jp/ikc/reports/20200930.html
6. ソフトウェア開発分析データ集（2022 年版〜サマリー版〜）（独立行政法人情報処理推進機構）2022 年発行
   https://www.ipa.go.jp/ikc/reports/20220926.html
7. リーダーシップ，ライトワークス監修・小野善生著（ファーストプレス）2007 年発行

■ 著者紹介

山戸　昭三　（やまと　しょうぞう）

　■経歴
　1976 年　日本電気株式会社
　2011 年　博士（情報科学）（北海道大学）
　2011 年　筑波大学大学院システム情報工学研究科教授
　2015 年　愛媛大学大学院理工学研究科教授
　2017 年　法政大学経営大学院イノベーション・マネジメント研究科教授
　2022 年　早稲田大学グローバルソフトウェアエンジニアリング研究所
　　　　　　招聘研究員
　■資格
　1994 年　システム監査技術者
　1997 年　経営品質協議会認定セルフアセッサー
　1999 年　中小企業診断士
　2000 年　システムアナリスト
　2001 年　IT コーディネータ
　2001 年　PMP（Project Management Professional）
　2003 年　PMS（Project Management Specialist）
　2005 年　技術士［情報工学部門、総合技術監理部門］
　2006 年　NPO 生涯学習第 15 回キャリア・コンサルタント
　2014 年　日本統計検定 2 級
　2020 年　プロジェクトマネージャ

プロジェクトマネジメントの教科書

2023 年 4 月 22 日　初版第 1 刷発行

■ 著　　者―――山戸昭三
■ 発 行 者―――佐藤　守
■ 発 行 所―――株式会社　大学教育出版
　　　　　　　　〒 700-0953　岡山市南区西市 855-4
　　　　　　　　電話（086）244-1268　FAX（086）246-0294
■ 印刷製本―――モリモト印刷㈱

© Shoso Yamato 2023, Printed in Japan
検印省略　　落丁・乱丁本はお取り替えいたします。
本書のコピー・スキャン・デジタル化等の無断複製は、著作権法上での例外
を除き禁じられています。本書を代行業者等の第三者に依頼してスキャンや
デジタル化することは、たとえ個人や家庭内での利用でも著作権法違反です。
本書に関するご意見・ご感想を右記サイトまでお寄せください。

ISBN978-4-86692-222-5